JN438443

내 안에 피는 꽃들

국립중앙도서관 출판시도서목록(CIP)

내 안에 피는 꽃들 : 김용순 수필집 / [김용순 지음]. --
[전주] : 신아출판사, 2013
p. ; cm

ISBN 978-89-98524-35-7 03810 : ₩13000

한국 현대 수필[韓國現代隨筆]

814.7-KDC5
895.745-DDC21 CIP2013002174

내 안에 피는 꽃들

김용순 수필집

수필과비평사

■ 책머리에

어느 여름밤, 시골 길을 달리다가 잠시 멈추어 차창을 열었을 때입니다. 온갖 풀벌레 소리가 한꺼번에 쏟아져 들어왔습니다. 저도 모르게 "와!" 하고 외쳤습니다. 차에서 내려 풀숲을 헤쳐보았습니다. 그토록 아름다운 소리의 근원을 확인하고 싶었던 것입니다. 그러나 찾을 수 없었습니다.

너무나 작거나 볼품없어 눈에 띄지도 않는 그들이지만 저마다의 날갯짓으로 고운 소리를 내어 저를 감동하게 했습니다. 저도 그러고 싶었습니다. 비록 잘난 데 없는 사람일지언정, 잠자는 시간을 쪼개어 사유의 날개를 비볐습니다.

여기 제 노래 몇 곡, 수필이라는 이름을 빌려 활자로 옮깁니다. 딸부잣집 둘째 딸로 자라면서 조심하고 참는 것이 몸에 배고 날개마저 시원찮아 서툴기만 합니다만, 누군가에게 아름다운 소리로 다가가길 꿈꿉니다.

2013. 2. 김용순

■ 목차

○ 책머리에 | 5

내 안에 피는 꽃들

13 진실과 정답
19 시곗바늘의 속임수
24 엄마 되고 딸이 되어
29 엄마의 치마
35 하트폰
41 백설공주의 화장실
45 고결한 성역 사람들
50 유리 인형
56 고독한 불신
60 웃음꽃
66 망각의 미학
70 마음으로 보는 아이
73 거짓말 도사
77 솔로몬의 지혜

아름다운 가면을 위하여

83 눈까풀의 가시
86 지폐 두 장
90 새야
93 푸르른 날에
98 운전면허
104 섶다리
109 공존의 평화
115 내 안의 지우개
120 나비야, 날아라
124 몸으로 쓰는 수필
128 기다림
132 그림자
135 사랑을 위하여
140 나의 문학관
144 화유시월홍

내 고향 도장골

151 소나무의 미소
154 봄빛
158 다함없는 사랑
161 흉터
166 노루귀
169 인간 징검다리
172 가면 안의 만남
177 내 소리
182 너레방구 이야기
187 내 마음의 뜨락
191 물매화
195 부슬비
201 달빛
206 동행
210 가을 강을 지나며

길에서 길을 묻다

217 측은지심
220 향수의 땅 해남
225 내 안에 갇혀서
230 길에서 길 찾기
236 한여름의 목련꽃
239 은장도
243 나비를 꿈꾸는 번데기
247 실새삼과 고마리
250 정령치에 올라
256 새 길
261 뱃놀이 고역
265 함양제 체험
271 백비
277 몽돌의 노래

내 안에
피는
꽃들

공직에 있는 남편만 바라볼 수 없어 시작한 부업이 아이들을 가르치는 일입니다. 그때는 이 일이 내 마음 한 편에 꽃밭을 일구는 일인 줄 몰랐습니다.

아이들의 웃음도 눈물도 내 안에서 꽃으로 핍니다. 척박한 내 안에 무시로 피는 꽃. 나는 오늘도 꽃밭에 물을 주러 갑니다.

진실과 정답

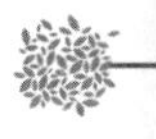

문을 여니 웃음이 가득했다. 창가에 하얀 용담꽃에서 피어나는 웃음이다. 낙엽이 다 지도록 새치름히 입을 다물고 있다가 서릿바람과 함께 한 송이가 피어서 적적한 공간을 가득 채웠다. 대부분의 용담꽃은 쪽빛인데 이것은 잡티 하나 없는 순백색이다. 국화처럼 화려하지도 않고 도라지꽃보다도 작은 홑겹, 통꽃이다. 고향 뒷산에는 이런 꽃이 들국화와 함께 어우러져 피었다. 꽃을 들여다보노라면 그 안에서 그때 그 사람들의 얼굴이 동화처럼 피어났다.

꽃송이에서 하나하나 웃으며 나오는 고향 친구들과 이런 저런 이야기를 하며 혼자 웃고 있는데, 아이들이 들어오더니 꽃 이름이 뭐냐고 물었다. 알고자 해서 묻는 게 아니고 까마득한 고향 뒷산에서 산책하고 있는 내 의식을 저희들에게 끌어가자는 속내였을 게다. 둘러선 아이들의 얼굴을 더듬어가던 나는 경민이하고 눈을 맞추었다. 그날도 친구들의 울타리 밖에서 손가락을 입에 물고 서 있었다.

"어, 돼지 왔네."

아이들의 말은 며칠 만에 만났다는 반가움이 아니고 교실에 들어와서는 안 될, 진짜 돼지가 들어왔다는 놀라움의 표현처럼 들렸다. 어째서 '돼지'라고 부르는지는 모르지만 아이는 별명대로 돼지 취급을 받는다. 그러한 경민이 또한 내가 있을 자리가 아니라고 생각했던지 고개를 숙이고 교실 밖으로 나갔다. 안쓰러워서 뒤쫓아 나가자,

"우리 할아버지 농약 먹고 돌아가셨어요. 사람들은 죽은 줄도 몰랐대요."

그동안의 결석 사유를 그런 식으로 밝혔다. 그런 상처를 안고 있는 아이에게 같은 교실에서 공부하는 친구들은 '돼지 왔다.'는 인사가 고작이었다.

그 상처를 덧들이는 또 한 사람, 경민이를 맡은 담임선생님이었다. 담임선생님은 그동안에 못한 것을 보충해야 한다고, 아이의 손목을 잡고 강의실로 들어갔다. 그의 엄마가 일

터에서 돌아올 때까지 데리고 있어야 하는 아이다. 학원에 처음 등록하러 왔을 때 아이 엄마가 그랬다. 학원에서 무엇을 가르치며 어떻게 가르치는지 묻는 게 아니고 몇 시까지 맡길 수 있느냐는 말부터 앞세웠다. 빈집에 아이 혼자 있는 게 불안해서 학원에다 맡기려고 데리고 온 듯했다. 아이 또한 그냥 학원에만 있으면 된다고 생각하는지 수업시간에도 먼산바라기 아니면 손장난이 고작이었다. 그러다가 쉬는 시간만 되면 가게로 달음질했다. 엄마가 아이를 떼어놓고 직장에 나가면서 안쓰러워서 용돈을 주어왔기 때문에 그런 버릇이 든 것 같았다. 아이의 입가에는 언제나 과자 부스러기 같은 것이 붙어 있다. 그래서 돼지라는 별명을 얻었는지도 모른다.

"이제까지 너를 도와준 친구도 없고 네가 도와준 친구도 없단 말이에요? 누구라도 하나 써 보세요. 어서."

"없는데 어떻게 써요?"

"정말로 아무도 없어요?"

옆 교실에서 경민이와 담임선생님이 옥신각신하는 소리가 들렸다. 궁금해서 들어가 보니 시험지 한 장을 가운데에 놓고 둘이서 입씨름을 하는 것이었다. 틀린 답을 공책에 열 번 쓰는 학교 숙제 때문에 벌어진 일이었다. 담임선생님은 아이의 숙제까지 봐줘야 한다. 어깨너머로 보니 틀린 문제는 '나를 도와 준 친구의 이름을 쓰세요.'와 '내가 도와 준 친구의 이름을 쓰세요.'였다. 공부하지 않고도 쓸 수 있는 문제였지만 쓰지 않아서 오답으로 처리되었다. 아이들이 끼워주지 않아서 늘 혼자서만 지내는 아이, 아이들에게 부대끼다 못해 울음을 터뜨려야만 괴로움에서 벗어날 수 있는 아이인데 도와주고 도움을 받은 친구 이름을 쓰라니 답답할 일이다. 아이는 끝내 쓰지 않겠다고 버티다가 울음을 터뜨렸다.

그 문제만 아니었다면 100점을 받을 수 있었는데 90점이었다. 그토록 산만한 아이가 그 점수를 받았다면 칭찬을 해줘야 옳은데 벌로 틀린 문제의 정답을 열 번이나 쓰라고 했으니 화가 날 만도 하다. 거기에다 100점 받으면 엄마가 피자 사 주기로 했다고, 입버릇처럼 말해 왔는데 그 두 문제 때문에 피자를 먹지 못하게 되지 않았는가. 아무리 생각해 보아도 이것은 정답 판정을 잘못했거나 문제가 틀린 것이었다. 그런 친구가 없으면 쓰지 않아도 될 물음이 아닌가.

침묵이 정답이 되는 경우는 없을까? 바람 따라 이리 휘고 저리 쏠리는 나뭇가지가 아니고 묵묵히 뿌리를 지키는 고목 등걸 같은 침묵, 그러한 무응답도 정답이 될 수 있다면 경민이는 100점을 받았을 텐데……. 친구가 없어서 침묵으로 답을 말했는데, 그것이 어찌 오답이란 말인가? 그것은 분명 잘못된 문제였다.

세상에는 그런 우문에 대한 오답이 정답이 되는 경우가 허다하다. 사리에 맞지 않아도 우격다짐으로 정답을 정해 놓고 묻는 권력형 우문이 있는가 하면 정답이 아예 없는데 억지로 정답을 만들어서 답하게 하는 모사꾼의 우문도 있다. 답하는 사람들도 그렇다. 정답은 내 안에 따로 두고 이리저리 눈치 보면서 유리한 쪽으로 답을 말하는가 하면 정답을 모르면서 다수를 따라 답을 말하는 경우도 있다. 그래야만 남만큼 실속을 챙길 수 있기 때문이다. 물길 따라 가야 할 배가 산길로 간다는 말은 그래서 나오지 않았던가.

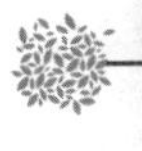

거짓말로 꾸며서 받은 100점과 진실 그대로 비워 두어서 점수가 깎인 90점. 수치를 떠나서 이 둘의 가치를 물으면 누구나 후자 쪽에 무게를 얹어 줄 것이다. 그러나 현실은 불리한 진실 그대로를 외면하고 실리적인 수치 쪽을 택하는 경우가 허다하다.

나는 손등으로 눈물을 훔치는 아이를 뒤에서 끌어안고 귀엣말로 실리적인 답을 가르쳐 주었다.

"나는 앞으로 너를 도울 테니까 너도 나를 도와주기로 하고 내 이름 써. 나를 도와준 친구에도 김용순, 내가 도와준 친구에도 김용순이라고 쓰라고. 내가 피자 사 줄게."

아이가 눈물을 훔치고 배시시 웃으면서 김용순이라는 이름을 썼다. 나는 그러는 아이의 얼굴을 창턱에서 웃고 있는 용담꽃송이에 담았다.

몇 년 뒤, 서릿바람 속에 피어 있는 하얀 꽃송이를 들여다보며 나는 경민이와 이야기할 것이다, 너는 이 꽃처럼 순백 그대로 답을 쓰지 않아서 내가 너의 친구가 되었다고.

시곗바늘의 속임수

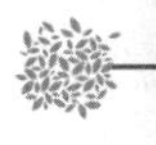

그 일을 생각하면 나는 지금도 아릿한 자괴심을 달랠 수가 없다. 장난꾸러기 아이들의 속임수에 넘어가서 십오 분도 넘게 수업을 앞당겨 끝냈던 어리석음.

열심히 수업을 진행하고 있는데 사무실에서 계속 전화벨이 울리다가 끊기고 다시 울리고 그러기를 오 분 이상 반복됐다. 수업 중에 전화를 받지 않는 것은 상식이다. 하지만 고집 세게 울리는 벨소리가 심상치 않다 싶어 아이들에게 양해를 구하고 전화를 받았다. 대수롭지 않은 내용이어서 수업 중이라고 해도 상대방은 같은 말을 자꾸 되풀이하며 시간을 끌었다. 그렇다고 무례하게 끊을 수도 없었다.

교실에 돌아오니 아이들은 벌써 책가방을 꾸리고 있었다.

"왜들 이러니?"

"끝났어요. 시계 봐요."

아이들이 항의 비슷하게 일어서서 손가락으로 시계를 가리키며 싱글싱글 웃었다. 4시 53분. 벌써 그렇게 되었는가. 다시 보아도 짧은 바늘은 5라는 숫자에, 긴 바늘은 11에 거의 가 있었다. 끝날 시각에서 3분이나 초과한 것이다. 학습 진도에 차질이 있었지만 다음 시간에 들어올 학생들 때문에 연장 수업을 할 수는 없고 해서 어쩔 수 없이 보내야 했다.

어림컨대 무려 15분이라는 시간을 전화 받는 데에 빼앗겼다. 전화를 건 사람에게는 15분이지만 십여 명 아이들의 학습결손을 계산하면 150분을 그 사람이 축낸 셈이다. 하지만 수업중이라고 했는데도 그렇게 시간을 끈 사람이 과연 그런 계산을 할 수 있었을까?

나는 지금이라도 그 사람에게 말하고 싶다, 하찮은 시곗바늘이지만 개인의 운명을 바꿔놓기도 하고 수많은 사람의 목숨을 좌우하는가 하면 때로는 세계의 역사를 바꿔놓기도 한다고. 단 1초의 여유도 주지 않고 닫히는 전동차의 출입문을 생각해 보자. 한가한 사람에게는 1초라는 시간은 무의미하다. 하지만 그 1초 때문에 일을 그르쳐서 운명이 바뀌는 사람도 있을 것이다. 6·25 때 한강다리 폭파 지휘를 한 장교의 시계가 5분만 늦게 갔어도 수백 명의 인명을 구했을 것이고, 2차대전 당시 히로시마에 원자탄 투하를 지휘한 지휘관의 시곗바늘이 5분만 게으름을 피웠어도 수천 명의 목숨을 구했을 것이다. 추상적이기는 하지만 시간의 흐름은 우주의 질서를 지배하는 절대적인 권력자이다. 나는 그래서 가끔 가다 시계가 신처럼 여겨질 때가 있다. 한 번도 건너뛰는 일 없이 똑딱똑딱하는 신의 맥박을 따라서 한 생명체가 신생, 성장, 쇠멸을 반복하고 계절이 바뀌는가 하면, 지구에서는 화산이 폭발하고 외기권에서는 거대한 천체가 궤도를 벗어나 유성이 되기도 한다.

그러한 절대세력의 표상인 시곗바늘을 아이들이 함부로 돌려놓았다는 것을 알아차린 것은 아이들이 교실을 나가고 나서 십여 분이 지난 뒤였다. 다음 수업은 정각 다섯 시에 시작되는데 그 수업을 받을 아이들은 밖에서 빈둥거리고 들어오지 않는 것이었다.

"너희들 왜 안 들어와, 수업시간이 다 되었는데."

내 딴에는 제법 호통치듯 큰소리로 말했을 것이다. 그런데 밖에서 놀던 아이들이 휴대폰을 꺼내 보이는데 4시 50분이었다. 속담 그대로 자다가 따귀 맞은 기분이었다. 신처럼 여기는 시계에 대한 배신감이 울컥 치밀어서 현기증까지 일었다. 거짓말쟁이, 못된 것. 시곗바늘을 탓하는 것인지 아니면 시곗바늘을 돌려놓은 아이들을 원망하는 것인지 나도 모를 소리가 입 밖으로 새어나왔다. 아무튼 나에게 있어 시계는 그때부터 인간이 조작한 한낱 계기판, 사람의 손가락으로 얼마든지 조작할 수 있는 불확실한 것, 장난감에 불과한 것으로 신의 위상에서 추락하고 말았다.

그런데 곰곰 생각해 보니 원망의 대상은 아이들도 아니고 시곗바늘도 아닌 나였다. 나에게도 휴대폰이 있는데 왜 그것은 안 보고 시곗바늘만 믿었냐는 것이다. 설사 아이들이 긴바늘 짧은 바늘 모두 12라는 숫자에 갖다 놓았다고 해도 밤이 낮 되고 낮이 밤 될 리는 없지 않은가.

그런 속임수에 당한 것은 그때만이 아니다. 월악산을 오를 때였다. 정상까지 2km라는 표지판을 보고 한 시간 가까이 가다보니 3km라는 이정표가 또 나왔다. 길을 잘못 들었나 싶어서 돌아오다가 뒤에 오는 사람들에게 물으니 바로 저기라고 손가락으로 가리켰다. 어느 짓궂은 사람이 장난으로 표지판을 바꿔 놓았던가 보다. 곰곰 생각해 보니 임의로 정한 숫자의 속임수는 그런 경우만이 아니었다. 점수라는 숫자는 학생의 내면까지 측정한 계수인 양 속이고, 부의 액수는 그 사람에게 행복의 지수인 양 속이고……. 숫자만이 아니고 소문과 간판에 속는 경우 또한 허다하다. 그래서 옛사람들이 사람이나 사물을 보여주는 대로 보지 말고 내 손으로 헤치고 속을 들여다보라고 했던가.

"여러분이 달을 보라고 손가락으로 가리켰는데 나는 달은 안 보고 여러분의 손가락만 보았어요."

나는 다음 날 아이들을 꾸짖는 대신 나의 우직함을 고백하고 나서 나의 그런 버릇을 고쳐주어서 고맙다고 진심으로 사례했다.

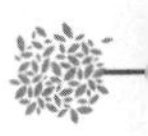

엄마 되고 딸이 되어

친구 사이에 모녀 관계로 지내는 경우가 있다. 수양어머니, 수양딸이라는 명칭을 붙일 수는 없지만, 하여튼 거기에 근접한 사이다. 이것은 들은 이야기가 아니고 바로 내 곁에 있는, 내가 가르치는 두 아이의 관계다. 이러한 사실을 안 것은 얼마 전이다.

초등학교 5학년 글짓기 시간이었다. '생각 깊이 하기' 과정에서 각자 자신의 어머니에게 쪽지 편지를 쓰는 학습과제가 있었다. 나는 이 과제에 들어가면서 온 정신이 민희에게 쏠렸다. 몇 해 전에 교통사고로 부모를 한꺼번에 잃은 아이이기 때문이다.

민희는 티 하나 없이 해맑은 얼굴에다 여자아이답게 조용하고 안존하면서도 가벼운 실바람이라도 스치면 금세 일그러질 것만 같은 인상을 주는 아이다. 나는 아이를 볼 때마다 물봉선화를 떠올렸다. 그늘에서 자라 나약한 가지에 연분홍 꽃잎이 조랑조랑 매달려 있는, 위태로움과 애틋한 느낌을 주는 꽃.

그런 아이에게 이런 학습과제를 제시한다면 아물었던 상처를 덧들이는 것 아닌가. 마음 같아서는 건너뛰고 싶은 학습과제였다.

"오늘 아침 우리들을 배웅해 주신 어머니께 쪽지 편지를 씁니다. 할머니나 아버지께 써도 좋습니다."

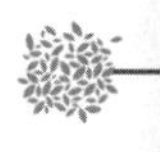

할머니나 할아버지께 써도 좋다는 것은 민희를 위한 임기응변식 배려였다. 그러고 나서 나의 시선은 다시 민희에게 끌려갔다. 무관심한 척해 보이려고 애썼지만 나도 모르게 끌려가는 것은 나 또한 어머니를 여읜 몇 년 전의 아픔이 되살아났기 때문이다. 오십이 넘은 이 나이에도 부모를 그리는 마음이 이러하니 꽃샘추위에 떨고 있는 연둣빛 떡잎 같은 민희야 오죽할까.

민희의 얼굴에는 물비늘 같은 엷은 무늬가 어른거렸다. 저 얼굴에서 울음이 새어나온다면 어쩌나? 나도 모르게 손에 땀이 쥐어졌다. 그러나 다행이었다. 실바람이 스치는 듯한 수면 위에 햇살 같은 웃음기가 퍼지면서 뺨에 분홍빛 꽃물이 배어나왔다. 책상에 반듯하게 앉아서 또박또박 글씨를 써내려가는 것이 신통하게만 여겨졌다.

자기들이 쓴 글을 발표시켰다. 이제부터 효도하겠노라고 너스레를 떤 아이, 신형 게임기를 사달라고 애교를 부린 아이, 왜 동생 편만 드시냐고 항변하는 아이 등등, 이렇게 아이들의 쪽지 내용은 각양각색이었다. 성주 차례가 되었다. 민희에게 수양어머니 역할을 해 주는 아이다. 딸의 입장에서 쓴 쪽지가 아니고 민희라는 딸에게 당부하는 엄마의 쪽지였다.

"내 딸 민희야! 너는 엄마의 꿈이란다. 아무리 어려워도 씩씩하게 살아가자, 소나무처럼 산처럼……."

제법 어른스럽게 쓴 청유형의 편지를 읽었다. 아이들이 까르르 웃었다. 이번에는 딸의 역할을 하는 민희 차례였다.

"엄마랑 아빠랑 힘들게 일만 하시던 것을 생각하면 마음이 내려앉아요. 저는 땅에서, 어머니는 하늘에서 살지만 다시 꼭 붙어살고 싶어요."

민희는 금가지 않은 낭랑한 목소리로 읽었다. 하지만 내게는 엉겅퀴 가시 같은 아픔이 음절마다 전해졌다.

그로부터 며칠 뒤, 복도에서 투다닥 투다닥 뛰는 발걸음 소리에 섞여 엄마를 부르는 다급한 목소리가 들렸다. 서울에서 직장에 다니는 딸아이가 와서 나를 부르는가 해서 벌떡 일어나 문을 열었다. 목소리의 주인공은 내 딸아이가 아니고 민희였다. 민희가 복도 끝에 서 있는 성주를 향해서 달려가며 그렇게 부르는 것이었다. 더욱 가관인 것은 엄마 역할을 하는 성주의 태도였다.

"아이고, 왜 이렇게 덜렁대니? 엄마가 너 떼어놓고 어디 도망하기라도 하니?"

성주는 팔을 벌려서 민희를 끌어안았다. 너무도 부러웠다. 아니, 나도 모르게 눈시울이 젖었다. 그래서 나 또한 둘 사이에 끼어들어서 물었다.

"성주가 민희 엄마냐?"

"예. 용돈도 줘요."

성주 대신 민희가 대답했다. 언제부터 그렇게 되었냐고 물었더니 친해지고 나서부터 그렇게 되었다고 했다. 애당초 사귈 때 그냥 친구로서 지내자는 것이 아니고 민희의 아픈 마음을 짚어서 엄마처럼 포근한 정을 두기로 했던 것 같다.

노란 은행잎이 내려앉은 길을 성주와 민희가 손잡고 걸어가고 있다. 들은 말이 있어서인지 두 모녀가 시장에라도 가는 양 그런 모습으로 보였다.

서리라도 내리려는지 오늘따라 하늘이 눈 시리게 푸르다. 지는 잎은 바람을 타고 한없는 허공을 맴돌며 무서운 추락의 공포와 자기의 근본이었던 나무에 대한 그리움, 그리고 혼자라는 외로움에 떨고 있을 것이다. 잎 진 앙상한 나무도 그렇다. 나뭇잎이 떨어져 나간 자리의 상처를 안고 나무는 매운 바람에 부대끼며 기나긴 겨울을 외로움에 떨며 지내야 한다. 이러한 나무에 철새라도 한 마리 찾아와 가지에 둥지를 틀고 별이 어는 밤을 같이 지낼 수 있다면 얼마나 오붓하고 미더울까.

성주하고 민희처럼 엄마가 되고 딸이 되어 서로가 믿고 싸안고 위로해 준다면 이 추운 겨울에도 다사로운 훈기가 서릴 것이다.

엄마의 치마

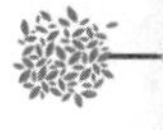

옆구리가 새삼스럽게 욱신거린다. 상민이에게 맞은 통증이다. 초등학교 삼학년 아이답지 않게 여문 주먹이었다. 엄살이라고 할지 모르지만 단순히 촉감으로만 전해지는 통증이 아니고 가슴속 깊이 저미는 아픔이다. 아이의 어디에서 그런 힘이 나왔을까?

자리에 누우니 아이의 잔뜩 부풀어 오른 동공이 금방이라도 집어삼킬 듯이 어둠 속에서 다가온다. 핏방울이 뚝뚝 떨어질 것처럼 핏발이 서 있는 눈은 엄마에 대한 원망과 그리움, 외로움, 울분, 저주 같은 것이 뒤범벅이 되어서 끓어오르는 용암의 덩어리 같았다. 세 살 때부터 잠재돼 있던 자신도 모르는 불씨가 나이와 함께 번져서 그렇게 되었을 것이다. 용암은 언제라도 지층을 뚫고 솟구치게 마련이라 그 누구도 때와 장소를 예측할 수 없다. 다만 지진으로 전조前兆를 보일 뿐이다. 상민이의 발작도 그런 전조였을 게다.

설명을 하면서 시험문제를 풀어 가는데, 상민이는 껌을 질겅질겅 씹다가 길게 늘여서 옆에 앉은 여자아이의 얼굴 가까이 가져갔다. 그러다가 둘둘 말아서 입 속에 넣고, 다시 꺼내면서 괴롭히는 것이었다. 화장지를 주면서 뱉으라고 하자 못 들은 척 아예 책상에 엎드려버렸다.

이삼 분쯤 지나자 상민이는 고개를 들고 2번 문제부터 풀어가기 시작했다. 설명하면서 다 같이 풀고 있는 7번 문제를 보라고 해도 저 혼자 부지런히 3번과 4번의 답을 써나가더니 번쩍 손을 들었다.

"선생님, 5번 모르겠어요!"

나는 9번 문제를 설명하고 있는데 아이는 그랬다. 9번부터 설명 듣고 못한 것은 쉬는 시간에 하자고 해도 막무가내였다. 할 수 없이 설명해 주고 나서 진도를 나아가는데 좀 있다가 또 7번 문제를 설명해 달라고 했다. 아이는 가끔 가다 그렇게 까닭 모를 심통을 부렸다.

내 수업이 끝나고 상민이는 3강의실 영어 수업을 받으러

갔다. 아이는 거기에서도 그런 심통을 부렸던지 수업을 시작한 지 얼마 안 되었는데, 옆 교실이 시끌벅적했다. 상민이 때문이라는 것을 알아차리고 들어가 보니 아이가 책상을 들었다 놓았다 하면서 햇병아리 영어 선생님에게 행패를 부리는 것이었다. 수업이 시작되었는데도 휴게실에 앉아 텔레비전만 보고 있기에 리모컨을 빼앗았더니 저런다고 선생님이 사정 이야기를 했다.

"너, 안 나오면 아빠한테 연락한다."

엄마가 없으니 제가 의지할 기둥은 아빠뿐이라는 것을 알고 그렇게 으름장을 놓았던 것이다. 아이는 나한테 달려들어서 주먹질을 했다. 제 힘이 아니고 가슴속에 뭉쳐있는 불덩어리에서 솟구치는 울분으로 휘두르는 주먹이라 당해낼 수가 없었다.

"더 때려라. 때리고 싶은 만큼 때려."

나는 아이에게 맞을 짓을 한 것처럼 내맡겼다. 주먹을 휘두르던 아이가 눈물이 흥건한 눈으로 웅크리고 있는 나를 바라보았다. 제가 찾는 상대가 아니라는 것을 그제야 깨달은 것이다. 아픔보다 측은한 생각이 들어서 아이를 꼭 안았다.

"아빠에게 이르지 마세요."

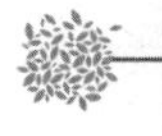

빠져나가려고 몸부림을 치던 아이가 울먹이면서 애원하듯 말했다.

“그래, 약속할게.”

새끼손가락을 걸고 손가락 도장까지 찍고서야 아이는 다시 강의실로 들어갔다.

그러는 아이의 가정 사정을 알게 된 것은 아이를 맡은 지 며칠 안 되어서였다.

바른생활 시험을 볼 때였다. 다른 문제는 다 풀었는데 가족의 역할에서, ‘우리들의 숙제를 도와주고 보살펴 주며 집안일을 하는 사람’을 묻는 문제의 답은 쓰지 않고 빈칸으로 남겨 놓았다. 문장의 뜻을 이해하지 못해서 그러는가 싶어 문제를 천천히 읽어 주었다. 상민이는 내가 문제를 읽는 동안 잠시 생각에 잠기더니 상기된 얼굴로 나를 쏘아보았다.

“우리 엄마는 나 세 살 때 도망갔단 말예요!”

아이는 책상에 엎드려서 큰 소리로 울었다. 서러워서 우는 울음이 아니고 바락바락 악을 쓰면서 가슴속에 엉겨 있는 응어리를 풀어내는 그런 울음이었다. 몰라서 안 쓴 게 아니고 엄마라는 사람에게 품고 있던 원망이 아이의 연필을 붙들고 있었던 것이다. 저도 빈 칸에 ‘어머니’라고 반듯하게 쓰고 싶었을 것이다. 그러나 거짓말을 할 수는 없었던가 보다.

아이는 수업시간에 손가락을 빨거나 콧속을 후볐다. 주의 집중을 시키려고 질문을 하거나 지적을 하면 손가락을 배에 쓱 문지르고는 아예 책상에 엎드려서 훌쩍거렸다. 답답한 나머지 아이의 아버지에게 사정을 얘기했다. 그들 사이에 무슨 일이 벌어졌는지는 모르지만 한동안은 그런 행동을 보이지 않더니 며칠 안 가서 또 그런 버릇이 나타났다.

"네 그런 모습을 사진 찍어 아빠에게 보여 드리겠다."

나는 교탁 위에 필름 없는 카메라를 설치해 놓고 겁을 주었다. 처음 얼마 동안은 바로 자세를 고쳤지만 며칠 안 지나서 그것도 효험이 없었다.

이런저런 생각으로 자정이 넘었는데 욱신거리는 통증은 가라앉지 않는다. 기지개를 켜다가 마침 유리그릇을 포장해온 에어캡 포장지가 손에 잡혀서 손가락으로 꾹꾹 눌렀다. 그것이라도 터뜨려야만 마음의 통증이 가라앉을 것 같아서다.

"뽀보복 뽀복 뽁."

방울방울 맺혀 있는 공기방울 터지는 소리가 쾌감을 준다. 유리그릇이 공장에서 내 손에 오기까지 여러 단계의 유통과정을 거치면서 굴리고 던졌을 테지만 흠집 하나 생기지 않게 완충작용을 해 준 포장재이다. 아이에게 주먹을 휘두르지 말고 이걸 터트리라고 하면 어떨까. 공기방울을 터뜨리는 아이를 상상해 본다. 처음에는 손가락으로 하나씩 터뜨릴 것이다. 그러다가 여러 겹 접어서 주먹으로 터뜨리고, 그 다음에는 발로 짓이기고, 그래도 울분이 가라앉지 않으면 옆에 있는 필통이라도 들어서 던질 것이다. 그리고 다음에는……. 상상만 해도 괴롭다.

갈수록 세차게 분출하는 용암, 지금 누가 그 불을 끌 수 있을까. 엄마뿐이다. 엄마의 자리에서 일어난 불씨이고 엄마 때문에 분출하는 불길이니 이제라도 돌아와서 엄마라는 치마로 덮어서 재워야 한다. 속잎을 싸안은 겉잎이 그렇듯이 아이의 발길에 차이고 물어뜯기고 해서 엄마라는 치마는 걸레가 되어야 한다. 그래서 엄마들이 치마를 입지 않았던가.

하트폰

앙증스런 이파리에 빗방울이 구른다. 지난 5월 문화교실에서 생일 선물로 받아온 하트폰이다. 도움 준 것도 별로 없는데 선물까지 받고 보니 염치가 없었다. 배려해준 사람들의 마음이 한동안 건너와서 가슴을 가득 채웠다. 꽃은 피지 않아도 좋았다. 하트 모양의 잎 모양만으로도 그 마음을 알 수 있지 않은가.

하트폰. 원명이 무엇인지는 모르지만 사랑을 전하는 전화라는 꽃말인 듯하다. 나만의 억견인 듯해서 인터넷 전자사전을 뒤적거려 보았지만 나오지 않았다. 굳이 꽃말을 밝혀야 할까? 우리가 끌어다 붙인 꽃말 아니래도 줄기마다 피어난 심장 모양의 잎으로 전하는 메시지가 있는데…….

고온다습한 고향을 떠나 건조하고 기온차도 심한 이곳에 와서 근근이 연명하다가 소나기를 맞더니 윤기가 돈다. 새로 돋은 몇 잎에는 솜털이 보송보송하다. 눈에 들어오는 촉감이 돌쟁이 살피듬이다. 고란초와 비슷한 생김새로 보아 양치식물임에 틀림이 없다. 그렇다면 수억 년 전부터 이어온 생명체일 게다. 당시 번성했던 그의 조상은 수십 길 지하에 묻혀 있다가 까맣게 석탄으로 변했고, 변신한 석탄은 무한에 가까운 시간의 벽을 넘어와 우리하고 만난다. 지각 변동이 생기고 화산재가 쓸어 덮는 그 수난의 밀도 속에서 어떻게 종족 보존을 해 왔을까? 석탄기의 그 종족은 두꺼운 시공을 뚫고 지금 내 앞에 와 있다. 추위를 견디지 못하는 터라 어쩌면 제 조상의 유해를 태우는 온실에서 지난겨울을 지냈는지도 모른다.

만남이라는 게 이렇다. 수만 가닥의 여로가 얽히고설키면서 무심히 스치고 더러는 얼마 동안 평행선으로 가다가 갈라서서 까마득히 잊는다. 하지만 그것이 어디 직선이던가. 쓰리고 시리고 아린 험산을 굽이굽이 휘어가고 에둘러 가다가 어느 후미진 골짜기에서 우연히 만나는 게 우리의 살아가는 길이다. 닿을 길 없는 죽음의 강을 건넌 사람도 회상의 의자에 앉아 있다 보면 바람에 그 목소리가 묻어오고 엉뚱하게 하늘빛으로 그 마음이 전해오지 않던가.

질서와 조화는 그것을 위한 요소들의 참여로 이루어지는 구조다. 하트폰 잎은 질서정연하다. 돋아나는 잎은 다른 잎을 덮거나 가로지르는 일이 없다. 인간 세상도 이랬으면 좋겠다. 자기만의 목소리를 높이는 사람도, 남의 소리를 들어줄 줄 아는 조화로운 인간 세상 말이다.

그런데 올라서지도 처지지도 않고 가지런하던 이들 사회에 이변이 생겼다. 줄기 하나가 물색없이 다른 잎들보다 두세 배나 되게 키를 돋우더니 몸을 사리고 있는 잎들의 눈치도 살필 것 없이 푸짐하게 잎을 키워 해를 가렸다. 조화와 질서를 깨고 직선으로만 내닫는 사람도 이럴 것이다. 남을 밀치고 밟으면서 달리지 않으면 선두가 되기 어렵기 때문이다.

그렇게 달려서 차지한 선두는 치러야 할 대가가 있다. 가지런한 이웃들은 서로 의지해서 바람이 불어도 쏠리지 않지만, 무리 가운데 우뚝 솟은 그 줄기는 바람에 부대껴서 몸부림을 쳤다. 관리하는 나 또한 창문을 여닫을 때마다 창틈에 끼는 긴 줄기가 성가셔서 싹둑 자르고 싶었다. 제 딴에는 강자라고 과시하지만 저희 무리에게 원망 듣고 바람에 부대끼고 사람에게는 애물단지가 된 것이다. 그런데도 푼수 없는 이파리는 창틈에 끼여 멍이 든 채로 푸름을 더해 갔다.

괘씸하면서도 상처를 견디고 뻗어 올라가는 줄기에 연민의 정이 가기도 했다. 그리고 궁금했다. 이러한 조화와 질서를 배신하는 사연이 있을 것 같아서였다. 요리조리 살피다 보니 잎뒷면에 갈색 반점이 눈에 띄었다. 더듬어 보니 손끝에 오는 촉감이 의외였다. 만져지는 가루, 홀씨였다. 그러고 보니 시난고난 살면서도 종족만은 번식시키자는 속내였던가 보다. 줄기의 굳은 의지가 내 가슴속에서 공명했다. 흙 한 줌 없는 도심의 콘크리트 건물 창가에 옮겨진 하트폰은 고민했을 것이다. 그러다가 수억 년간 이어온 종족을 보존할 길은 이것저것 다 포기하고 오로지 모성뿐이라는 것을 깨달은 것이다. 나는 이렇게 살았을망정 내 후손만이라도 멀리 날려서 흙을 찾아 살게 한다는 모성, 그 일념으로 염치없이 뻗어 올라간 줄기였던 것이다. 삐죽이 올라왔던 잎은 아기를 잉태한 모체였다. 입덧했던 것이다. 사람도 입덧하면 신이 부여한 태아 보호 본능으로 염치없이 탐식을 하지 않던가.

또 한 차례 퍼부으려는지 물기 머금은 비바람이 불어왔다. 이제 긴 줄기 끝 잎은 내 눈에는 보이지도 않는 작은 홀씨를 바람에 실을 것이다. 곳곳으로 날아가서 자리 잡고 잘 살아야 한다고 당부하는 것처럼 살랑살랑 잎을 흔든다.

밖에서 콩알 튀는 소리가 들린다. 소나기가 쏟아지는 것이다. 사무실에 놓은 석 대의 전화벨이 쉴 새 없이 울린다. 수업이 몇 시에 끝나느냐, 아이를 데리러 갈 테니 보내지 마라. 헌 우산이라도 좀 씌워서 보내 달라……. 수화기를 놓기가 바쁘게 아이를 걱정하는 전화가 이어지는가 하면, 우산을 들고 학원으로 찾아온 엄마들로 출입구가 소란스럽다. 아무개가 아직 그 학원에 다니느냐, 그곳에도 비가 오느냐, 하고 애잔한 목소리로 묻기만 하는 엄마도 있다. 어쩔 수 없는 사정 때문에 함께 살지는 못해도 마음마저 따로 살 수 없는 것이 엄마다. 그래서 이런 날에는 행여 아이가 비에 젖을까 봐 전화라도 걸어야 한다.

나 또한 그러한 엄마의 대오 속에 존재한다.

"끝날 때쯤이면 그칠 거예요. 안 그친다 해도 아이들이 버리고 간 우산 많으니까 씌워 보내면 됩니다."

현관을 나서는 아이들에게 우산을 하나하나 펼쳐서 들려주고, 찻길 건널 때 우산 똑바로 세우고 양옆 잘 살피라고 이른다.

아이들이 다 빠져나간 공간에 멀쑥하게 뻗어 오른 하트폰 줄기가 살랑살랑 손짓을 한다. 비를 뿌리는 하늘에서 어머니가 전하는 메시지인 양 어디선가 환청이 울린다.

"우산 있냐? 비 맞으면 감기 걸린다."

걱정스러우면서도 연민이 담긴 목소리다.

백설공주의 화장실

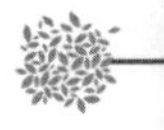

새 학기가 시작되는 학원의 3월은 어수선하다. 문짝을 바꾸면 문틀도 손대야 하듯이 새 사람을 맞아들이자면 교재도 사람에 맞추어 새로 준비해야 하고 교실 환경도 새로 들어올 사람들의 취향에 맞게 페인트칠을 해서 낯설지 않게 해야 한다. 그래서 그 분야에서 일을 하고 있는 큰애에게 자문을 구했더니 같이 해 보자고 작업복을 싸들고 내려왔다. 처음 하는 일이다 보니 옷이며 머리카락 할 것 없이 온통 페인트투성이가 되었지만 아이들의 손때, 낙서 등이 깔끔하게 지워져서 마음이 개운했다.

새로 들어오는 어린이 중에서 누구보다도 신경이 쓰이는

아이들은 유치원에서 학교로 옮긴 일학년들이다. 올해 입학한 영웅이는 그중에서도 유별났다. 수업을 하다가 화장실에 간다고 나가서 우는 아이였다. 담임선생님이 문 밖에서 지키고 있어도 무서워서 변이 안 나온다는 것이다. 그래서 꼭 집에서만 일을 치르겠다고 떼를 썼다. 할 수 없이 집으로 보내면 수업시간이 거의 끝날 때쯤 되어서야 돌아왔다. 하루 이틀에 고쳐질 버릇이 아니다 싶어 방법을 궁리하던 중인데 하루는 집으로 간다고 나간 아이가 밖에서 울고 있었다. 나가보니 아뿔싸, 바지를 입은 채 길거리에서 일을 보았는지 엉거주춤하고 서 있는 두 다리 사이로 김이 모락모락 피어올랐다. 저 자신도 암담했던지 지그시 눈을 감고 눈물방울만 떨어뜨리고 있었다.

아이의 버릇을 고치자면 원인부터 알아야 한다. 떡볶이를 사서 손에 쥐어 주고 물었다.

"딴데선 안 돼요. 우리 집에서만 나와요."

입학하기 전에는 아침마다 볼일을 보았는데 학교 다니면서부터 바빠서 집에서도 변을 볼 수가 없다고 했다. 학교에서도 내내 참고 있다가 학원에 왔으니 그 고통이 오죽했을까. 그래서 참다못해 수업시간에 집으로 달려가는 것이었다.

원인을 알았으니 해결책은 간단하다. 무엇보다도 화장실이 깨끗하고 안정감이 드는 분위기여야 한다. 이제 겨우 솜털을 벗고 새로 깃털이 돋아나는 아이들, 그러나 부리는 역시 노란 병아리인지라 벗어버린 솜털에 맞게 보금자리를 마련해 주어야 한다. 그렇다면 어떻게 꾸며야 할까? 도무지 생각이 떠오르지 않았다. 유치원이나 아가방에서 근무하는 분들의 조언을 얻을까 하다가 한번 해보자고 출근길에 가게에 들러서 예쁜 그림동화를 사고 벽에 붙이는 향수를 준비했다. 유치원 아니면 아가방이라는 느낌이 들도록 하기 위해서였다.

화장실을 천장까지 깨끗이 청소하고 나서 아이의 앉은키에 맞추어 백설공주 그림동화를 보기 좋게 배치하여 벽에 붙이고 향수까지 뿌렸다. 이만하면 왕자님도 모실 만한 화장실로 바뀌었다. 그렇게 꾸며놓고 나니 녀석이 투덕투덕 계단을 올라오는 소리가 들렸다. 오늘은 꼭 이곳에서 일을 봐야 할 텐데……. 나는 아이를 맞으면서 제발 내 정성을 받아 달라고 마음속으로 애원했다.

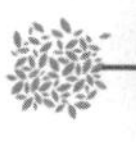

녀석은 수업을 받다가 어김없이 얼굴을 일그러뜨려서 집에 갈 시각을 알렸다. 때가 온 것이다. 싫다는 아이를 꼬드겨서 겨우 화장실에 밀어 넣고는 내가 변비로 신음하듯 초조한 마음으로 밖에서 기다렸다.

제발 성공해다오. 나는 빌고 또 빌었다. 얼마 동안 기척도 없다가 화장실 문이 벌컥 열리더니 녀석이 배시시 웃으며 나왔다.

"어때? 성공했어?"

"유치해요. 백설공주는 유치원 때 보는 거예요."

녀석은 묻는 말은 삼켜버리고 엉뚱한 소리를 해서 문 밖에서 숨죽이며 기다리던 담임과 나에게 폭소를 터뜨리게 했다.

징검다리 사이의 간격이 넓으면 보폭이 작은 사람은 빠질 염려가 있다. 계단이 급경사인 경우 다리가 짧은 사람은 오르지 못한다. 지금은 아날로그가 아니고 디지털 시대다. 그렇다면 우리의 교육도 계단 없이 완만한 경사로 구불구불 올라가는 그런 것이어야 하지 않을까. 느리건 빠르건 제 길, 제 힘에 맞게 오를 수 있는 학교, 우리의 생애도 그렇게 느슨하게 살 수 있다면 사는 맛이 더욱 진하게 느껴질 것 같다. 아무튼 선착순만 강요하는 학교, 그래서 낙오자가 있을 수밖에 없는 우리의 현실은 수정되어야 한다.

고결한 성역 사람들

어린이라면 다 사랑스럽지만 유독 눈에 띄는 아이가 있다. 진기와 재인이가 그렇다. 아이들을 지도하는 사람으로서 편애는 금물이지만 나 자신도 모르게 마음이 끌리는 것을 어쩌랴.

진기는 떡 벌어진 어깨하며 외모부터가 호탕한 쾌남아다. 외모만큼이나 마음씨 또한 어른보다도 너그럽다. 아이들이 말다툼을 하거나 티격태격 병아리싸움을 하면 그 사이에 뛰어들어서

"하하, 둘 다 만세!"

하고 두 사람의 손을 번쩍 들어주는 데에는 풀리지 않을 응

어리가 어디 있겠는가. 헌헌장부의 호탕한 웃음소리에는 너요 나요 하면서 시시비비 가리고 물고 뜯는 졸장부 어른들도 품어 안을 만한 도량이 엿보였다. 논술시간에 이리저리 뒤슬러가며 생각해서 써 내는 글을 보면 지도하는 나로서도 경탄을 금할 수 없다.

또 하나 재인이는 언제나 머금고 있는 미소가 모든 사람에게 호감을 살 만한 아이다. 그런 데다 차림새 또한 단정하고 산뜻하다. 옷가게를 연 제의 엄마가 골라 입혀서일 것이다. 그러한 아이가 마음 씀씀이 또한 고와서 말다툼 한 번 하는 일 없고 얼굴 한 번 붉히는 일이 없다. 상대 쪽에서 뭐라고 따지고 대들면 그냥 웃어넘길 뿐이다. 말수가 적은 데다 책을 많이 읽어서인지 도량이 엿보인다. 토의학습을 할 때면 웃는 얼굴로 남의 이야기를 듣고 있다가 제가 발표할 차례가 되면 이제까지 앞 사람이 발표한 내용을 요약 정리하고 나서 독자적인 제 의견을 내놓는다. 그래서 재인이의 발표 내용이 결론으로 매듭짓는 경우가 허다하다.

진기하고 재인이 두 아이를 내놓고 인기투표를 한다면 어느 쪽의 표가 많을까? 나는 가끔 그런 생각을 해 본다. 진기 쪽이 호탕하고 동적이라면 재인이는 정적이고 지적이면서도 감미로운 미감을 안겨준다고 할까. 두 아이는 성적도 비슷비슷하다. 따르는 아이들의 수로 보아도 둘 사이는 백중지간伯中之間이다. 그러면서도 경쟁의식도 없이 다정하게 어울린다. 나 또한 두 아이들 사이의 우정에 금이 갈까 봐서 수업시간에 발표를 시키거나 질문을 할 때에도 공평하게 하려고 무척 애를 쓴다.

그러한 두 아이가 똑같이 어린이 회장 선거에 출마한다는 것이었다. 선거판이란 상대방을 깎아내리고 헐뜯는 싸움판이기 마련인데, 사이좋은 두 아이가 혹시 틈이라도 벌어지면 어쩌나 하고 걱정이 되었다. 하지만 그것은 어른들의 세계에서나 보는 기우였다.

소견발표를 며칠 앞두고 진기는 나에게 연설문을 써 가지고 와서 보아달라고 했다. 의당 보아 줘야 옳다. 그런데 문제는 선생님이 진기만 보아 준다는 말을 들을까 싶어 걱정이었다.

"재인이도 써 가지고 올 텐데 같이 보면 어떨까? 두 사람이 쓴 내용이 비슷하거나 같으면 안 되니까 비교해 가면서 보는 게 좋을 텐데."

내 딴에는 편견이나 편애라는 누명을 벗기 위해서였다. 그런데 진기의 입에서 나오는 말이 나를 어리둥절하게 했다.

"그애 것은 글 솜씨 좋은 진아더러 써 주라고 했어요."

"왜 네 건 써 달라고 않고 재인이 것을 써 주라고 했니?"

진아가 진기의 여자 친구라는 것은 누구나 아는 사실이었다. 그런데도 말이 그렇게 나오니 혹시 진아와 진기 사이가 벌어진 것은 아닐까 해서 물어본 말이다. 그런데 그 다음에 나오는 진기의 말이 더욱 의아스러웠다.

"그래야 사나이답지 않아요?"

하면서 뒤통수를 긁적거리는 진기. 라이벌인데도 그렇게 서로를 밀어주고 끌어주면서 우정에 금이 가지 않게 하려는 두 아이의 이야기를 어른들은 과연 믿어 줄까? 나 또한 그 세계를 거쳐 왔을 테지만 도무지 기억이 나지 않는다.

연설문만이 아니고 두 후보 진영의 아이들은 편을 가르지 않고 함께 어울려서 벽보며 어깨띠를 만들고 있었다. 이 또한 어른들은 상상도 못할 풍속도였다.

선거날이 되었다. 후보자는 두 사람뿐이지만, 둘 중의 하나는 떨어지게 마련이다. 그렇게 되면 두 아이의 우정이 어떻게 될까? 둘 다 당선시킬 수는 없을까? 나는 낙선될 아이가 걱정이 되는 한편, 두 아이가 투표소 안에 들어가서 누구를 찍었을까 하는 호기심도 일었다.

두 아이는 근소한 득표 차로 진기는 회장, 재인이는 부회장이 되었다고 보고했다.

"너희들 다 자기 찍었지?"

궁금하던 차에 나는 장난 비슷하게 물었다.

"에이, 쩨쩨하게 어떻게 자기를 찍어요."

하는 건 재인이었고

"우리는 시시하게 그런 짓 안 해요."

하는 건 진기였다. 우리는 그렇게 시시한 어른들 흉내는 내지 않는다는 말이다. '우리는'이라고 차별을 두는 그 말에는 자신들이 고결한 품성을 지닌 어린이라는 자부심이 담겨 있는 듯했다.

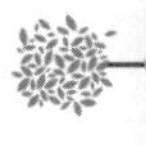

내가 서 있는 여기 성 밖에는 지금 상대방에게 흠집을 내면서 나만이 할 수 있다고, 그동안에 비장하고 있던 정책을 핏빛 도는 함성으로 쏟아내며 지지를 호소하고 있다. 여기 이 사람들도 예전에는 저 성역 사람들처럼 '우리는'이라는 구호를 외쳤을 텐데 다시 그 안으로 돌아갈 수는 없을까? 그리고 득표에 따라 회장, 부회장 이런 식으로 직책을 정하고 그런 조직에서 그동안에 비장해 온 정책을 펼친다면 우리는 세계 어느 나라보다도 큰 나라가 될 텐데…….

오늘은 어린이회의가 있는 날이다. 나란히 비어 있는 책상과 의자가 더없이 정겨워 보인다.

유리 인형

텔레비전 화면에 명품이 가득 찼다. 가방, 구두, 옷가지……. 포장지도 뜯지 않은 '신상' 그대로다. 카메라는 이 방 저 방 구석구석 더듬어서 명품들을 뒤져낸다. 창고가 아니고 어엿한 살림집을 창고 겸해서 쓰고 있다. 이 집 안주인의 도심盜心이 끌어다 놓은 것들로 해서 집의 용도가 바뀐 것이다. 카메라에 잡힌 명품들은 여인의 도심으로 윤색되어서 한결 돋보이고 개성적인 기교와 품위를 드러낸다. 물론 화면에는 도심도 여인도 담겨 있지 않다. 살결이 고운 그 여인은 원광 밖에서 카메라와 함께 자신이 가진 도심의 솜씨에 경이감을 드러낼지도 모른다.

어둠 속의 여인 뒤에서 아이 하나가 걸어 나와 화면을 가득 채운다. 긴 머리에 우수 어린 눈을 가진 아이, 내 안에 가시를 꽂고 떠난 십여 년 전의 그 아이다.

아이는 엄마 손에 이끌려 상담실로 들어섰다. 멀리 평택에서 이사 왔다고 했다. 아이는 나를 외면한 채 부산하게 시선을 옮겨가며 주변을 두리번거렸다. 친구 없이 낯선 곳에서 견뎌내야 한다는 불안과 긴장이 가득 찬 눈빛이었다.

"얘네 아빠하고 헤어졌어요."

엄마는 고개를 떨어뜨리고 물감처럼 풀리는 목소리를 손수건에 쓸어 담았다. 여기저기 두리번거리던 아이의 시선은 먼 하늘 구름 너머 어디쯤인가를 헤젓고 있었다. 잠자리 한 마리가 날아와서 유리창에 내려앉은 가을 햇살을 받으며 졸고 있었다. 먼 하늘을 헤매던 아이의 시선이 어느새 돌아와서 잠자리에게로 다가갔다. 티 하나 없이 투명한 순수였다. 가볍게 스치는 바람결에도 금이 갈 것만 같은, 가리고 숨기는 것 하나 없이 다 비쳐 보이는 유리 인형. 어떠한 무력도 위협의 먹구름도 침투할 수 없는 절대의 투명체로 보였다. 나는 그 인형을 마음에 끌어안았고, 인형은 고운 눈빛으로 내게 안겼다.

그러나 불순한 그림자는 그 투명체에 소리 없이 스며들었

다. 직원들 봉급날이었다. 은행에 들러 현금을 찾아가지고 출근해 보니 아이는 미리 와서 내 사무실에서 책을 보고 있었다.

"도둑 잘 지켜!"

가방을 내려놓으며 인사 대신 당부한 후 편지함의 우편물을 거두러 잠시 나갔다가 돌아왔다. 방과 후에 봉급 봉투에 현금을 세어 넣다 보니 9만 원이었던가? 정확히 기억은 안 나지만 꽤 많은 액수의 돈이 모자라는 것이었다. 다시 한 번 세어보고, 증빙서류를 확인해도 모자랐다. 은행에 전화를 걸어 현금인출기에서 오류가 나서 그런 것 아니냐고 물었다. 의심할 만한 누구도 없었기에 억지를 써 본 것이다.

나 또한 먹물을 적신 마음으로 며칠을 지냈는데, 한 아이가 지갑을 통째 잃었다며 눈물을 찔끔거렸다. 곧 찾아 주겠다고 우는 아이를 달랬지만 혼란스러운 내 마음은 달랠 길이 없었다. 그때까지도 유리 인형에게는 어릿거리는 검은 그림자 하나 없었다.

그 다음 날, 유리 인형의 엄마가 빨간 지갑을 들고 나타났다. 지갑을 잃었던 아이는 제 것이라고, 돈도 그대로 있다고 좋아했다. 유리 인형의 엄마는 이웃집에도 들러 아이가 도둑질한 물건 값을 변상하고 오는 길이라며 아이를 대신해서 눈물로 사죄했다. 엄마의 눈물도 티 하나 없이 맑고 투명했다. 내 안에 안겨 있던 투명체의 인형이 산산조각이 나면서 때 묻은 얼룩이 번져갔다. 어디에서 이런 때를 묻혀 왔냐는 물음에 앞서 때를 묻혀 준 범인을 먼저 찾았다. 물증은 없지만, 범인은 공허감인 듯했다. 유리 인형은 속이 비어 있었다. 아빠도 멀리 떠나고, 엄마는 온종일 직장에 나가서 집은 늘 비어 있다. 빈집에서 구석구석 더듬어 무언가를 찾아보았지만 유리 인형에게 잡히는 것은 공허뿐, 허기를 달랠 길이 없었을 게다. 유리 인형은 무엇으로라도 빈속을 채워야 했다. 그래서 밖에 있는 것을 끌어다가 속을 채워가던 중이었을 것이라고 생각했다. 나는 유리 인형을 씻겨 다시 마음속에 끌어안았다.

아이의 성적은 날로 향상되어 교재를 한 단계 높여 지도했다. 유리 인형에게도 실금이 가시고 본래의 투명한 새살이 돋아났다. 내 안에서는 이슬방울이 구르는 인형의 선율이 흘렀다. 구름 밖의 먼 하늘에서 흘러오는 그런 선율이었다. 그러나 그 소리를 내던 악기의 현은 오래 안 가서 끊어지고 말았다.

아이의 이모라는 사람이 찾아왔다. 아이를 다른 지방에 사는 아버지에게 보내겠다는 것이다. 저의 엄마가 집을 나가서 소식조차 끊고 지낸 지가 한 달이 다 되었다고 한다. 유리 인형은 그동안에 저 혼자서 감당하기에는 너무도 큰 허공에서 헤매고 있었을 것이다. 뭔가 작은 것으로라도 그 허공의 한쪽을 메워서 보내고 싶었다. 하지만 쥐어 보낼 마땅한 것이 생각나지 않았다. 작지만 휑한 속을 가득 채워 줄 그런 선물……. 궁리 끝에 내가 줄 것은 그 인형과 같이 있는 시간을 연장하는 것밖에는 없다고 결론을 내렸다. 그래서 아이의 이모에게 현장체험학습 핑계를 댔다, 그날까지만 보내달라고. 떠나는 유리 인형의 빈속에다 친구들의 그림자라도 채워 주고 싶어서였다.

그러나 아이는 다음 날부터 나오지 않았다. 비어 있는 그대로 떠나보낸 것이 못내 아쉬웠는데, 현장체험학습 당일에 맑은 햇살을 온몸에 담고 나타났다. 너무도 반가워서 나는 지갑에서 아이 몫의 경비를 꺼내어 채워 넣었고, 친구들은 유리 인형에게 밝은 웃음을 채워서 떠나보냈다.

그런데 그 인형은 마지막 떠나면서 산산조각이 되어 유리의 파편이 나의 온몸을 저몄다. 야외수업 뒤처리를 하려고 사무실에 와 보니 쓰레기통에 구겨진 봉투가 바늘 끝처럼 내 눈을 찌르는 것이었다. 행사 중의 모든 경비를 카드로 결제하기로 하고 놓고 간 돈 봉투였다. 봉투는 비어 있었다. 유리 인형은 그 속에 들어 있는 돈으로 허기를 재우자는 속셈이었을 것이다.

서릿바람이 창을 두드린다. 유리 인형은 이 바람 속에서 뉘 집 창문을 두들기고 있을까. 좀처럼 녹지 않을 얼음덩이의 인형, 부모의 체온이 아니고는 한기와 허기를 채워 줄 수 없을 텐데……. 인형의 행방조차 모르는 나는 미완으로 이 글을 끝낼 수밖에 없다.

고독한 불신

가은이가 나에게 맡겨진 것은 새 학기가 시작되는 3월이었다. 가은이 엄마는 몇 시까지 학원에 맡길 수 있는지 그것부터 물었다. 성적을 얼마나 올릴 수 있느냐는 대부분의 엄마들과는 다른 질문이었다. 사연을 물으니 부모가 둘 다 직장에서 밤늦게 돌아오기 때문이라는 것이다. 그래서 방과 후부터 부모가 귀가할 때까지 아이를 맡길 데를 찾자는 속셈이었다.

아이는 수업이 끝나면 휴게실에서 텔레비전을 보거나 숙제를 하다가 돌아가곤 했다. 어떤 날은 우리보다 먼저 와서 문 열어 달라고 전화를 하는가 하면 집에 갔다가 늦은 시각에 다시 오곤 했다. 왜 또 왔냐고 물으면 갈 곳이 없다는 것이었다. 엄마는 출근할 때마다 아이에게 일렀을 것이다. 학원 문 닫을 때까지 있어라, 집에 혼자 있을 때는 문을 걸어 잠그고 누가 와도 열어주지 말라고. 엄마의 당부는 아이에게 이 세상사람 모두가 흉악범이라는 뜻으로 받아들여졌을 것이다.

옛날, 구중궁궐에 갇혀 사는 군왕은 잠자리가 언제나 불안했을 것이다, 주위 사람들 모두가 적이었을 테니까. 음식에도 독약을 넣었을까 봐 환관들이 먼저 시식한 뒤에야 먹었다. 여럿이 나눠 가질 권세가 아니니 외로울 수밖에 없다. 그런 군왕 중에서도 위나라 조조는 유별나게 남을 의심했다. 그의 잠자리에는 그 누구도 감히 접근할 수 없었다. 노이로제가 극에 달했을 때는 시종조차 믿지 못해서 살해했다. 말년에는 뇌에 종양이 생겨서 죽음에 이르렀다. 신하들이 화타라는 명의를 불러서 병세를 보이자 그는 임금에게 거침없이 말했다.

"뇌에 바람이 들어가서 그렇습니다. 그 바람을 빼자면 두개골을 부수고 뇌피腦皮를 찢어야 합니다. 고통을 없애기 위해서 먼저 약으로 주무시게 한 뒤에 손을 쓰겠습니다."

화타의 말을 듣고 있던 조조는 눈을 부릅뜨고 그를 투옥해서 옥사시켰다. 천하의 명의 화타는 조조를 믿고 한 말이었지만 조조는 그가 암살 청부를 받은 자라고 의심해서 그리되고 말았다.

우리 사회가 아이에게 그러한 군왕 자리를 준 것인가. 아이의 불안감에서 빚어진 발작은 며칠 전에 일어났다. 옆 강의실에서 '사이좋은 이웃'에 대해 학습지도를 하던 선생님이 아이와 맞고함을 지르고 있었다. 자신을 도와준 이웃을 쓰라고 했더니 그런 사람 없다고 거절하면서 연필로 책상을 찍더라는 것이다. 가은이에게는 이웃이 '사이좋은'이 아니라 '무서운'이라는 수식어를 앞에 내놓아야 했을 것이다. 아이는 얼굴이 벌겋게 달아오르더니 치밀어 오르는 울화를 울음으로 쏟아냈다. 제 속에서 달아오른 열은 제 스스로 달래게 맡겨둬야 한다. 어설프게 어르고 달래면 불길은 더욱 기승을 부린다. 책가방을 들고 뛰쳐나가는 아이를 그냥 두고 사무실로 돌아와서 문틈으로 엿보니 아이는 예상대로 집에 돌아가지는 못하고 계단에 쭈그리고 앉아서 훌쩍거렸다. 그런 아이를 내 방으로 데리고 왔다.

"선생님도 너를 도와주는데 이웃이 아닐까?"

아이는 연필을 입에 물고 물끄러미 내 얼굴을 바라보았다.

"아까 정우가 너에게 지우개 빌려주었지? 그런 친구들 생각해서 써봐."

몇 겹으로 싸고 있는 방어벽을 뚫어보았건만 답란은 여전히 공백으로 남아 있었다. 미덥지 않다는 것이리라.

가은이는 오늘도 빈 강의실 한구석에 앉아서 먼산바라기를 하고 있다. 모두가 무서운 사람이고 적이라고 하니 이 세상 밖 어디에 아늑한 도피처가 없을까 하고 찾는 듯하다.

웃음꽃

국립묘지로 참배하러 가는 길이다. 주말인데다 날씨까지 화창해서 들뜰 만도 하건만 마음 한구석에는 먹장구름이 무겁게 얹혀 있다. 한 주 내내 내 바짓가랑이에 매달리던 그 아이의 흐느낌 소리 때문이다.

여느 때보다 길게 느껴지는 한 주였다. 월요일, 첫 시간 강의를 끝내고 사무실에서 인터넷 검색을 하며 쉬고 있는데 어디선가 흐느끼듯 가냘픈 소리가 어렴풋이 들렸다. 귀를 기울이면 사라졌다가 다시 들리고, 그러면서 마음을 산란하게 했다. 컴퓨터에서 나는 소리 같기도 하고, 아이들의 전화기에서 나는 슬픈 노랫소리 같기도 했다. 자리에서 일어나 실내를 한 바퀴 돌아봤지만, 소리의 정체는 찾을 수 없었다. 자리로 돌아오니 실오라기 같은 흐느낌 소리가 되살아났다.

다시 일어나서 소리의 가닥을 사려가다 보니 주차장까지 발길이 닿았다. 자동차와 벽 사이의 좁은 틈에 웅크리고 앉아서 전화기를 들고 우는 아이의 뒷모습이 내가 맡아 가르치는 학생이었다. 쉬는 시간이면 강의실이 떠나가게 웃고 떠들던 아이가 웬일일까? 아이는 울음을 삼키면서 전화기에 대고 '안 돼요.'라는 말만 되풀이했다. 통화가 끝나기를 기다리며 서 있는 등 뒤의 나를 의식하자 눈물 콧물을 쏟아내며 통곡했다.

사연을 물으니 엄마가 갔다는 것이다, 아빠 말 잘 듣고 지내라고, 밥해 주러 할머니가 오실 거라고 하면서. 엄마는 곧 돌아오실 거라며 달랬지만 아이는 도리질을 했다. 아이를 데리고 강의실로 들어오니 1학년짜리 제 동생이 눈치를 챘던지 금세 얼굴이 일그러지면서 내게로 다가왔다.

"엄마 갔대요?"

1학년짜리 동생아이가 동그란 눈으로 나에게 묻는 말이 그러했다. 두 아이는 며칠 전부터 그런 낌새를 알아챘던가 보다. 동생아이는 오빠의 대답도 듣기 전에 울음을 쏟아냈다. 울음소리는 교실 안의 소리를 무겁게 덮어 눌렀다.

쉬는 시간이 끝나서 오빠는 제 강의실로 가고 1학년짜리 동생은 내 강의실로 들어왔다. 그치지 않는 울음을 삼키면서 연필을 고쳐 잡는 아이가 안쓰러워서 지갑에서 천 원짜리 한 장을 꺼내 주었다. 가끔 나에게 와서 "백 원만 주세요." 하고 손을 내밀던 아이라서 지폐 한 장으로 슬픔을 재우려고 했던 것이다. 내가 해 줄 수 있는 일은 그뿐이었다. 하지만 천 원짜리 지폐로 재울 수 있는 슬픔이 아니었던지 아이는 받지 않았다.

"우리 엄마 돌아올까요?"

동그란 눈으로 묻는 아이의 물음에는 웃음밖에 달리 답이 없었다.

이튿날부터 동생아이는 무표정한 얼굴로 자리에 앉아서 공부만 했다. 누군가 공부 잘하고 있으면 엄마가 돌아올 것이라는 말을 해서였는지도 모른다. 울음을 한가득 담고 있는 얼굴을 마주 보며 밥은 먹고 왔느냐, 엄마 돌아오셨냐고 물어보고 싶었지만 도리어 상처를 덧들일까 봐서 입 안에서만 맴돌다 말았다.

며칠이 지나서였다. 어머니와 주고받은 편지글이 지문으로 나온 문제를 푸는데, 고개를 숙이고 있던 아이의 어깨가 들썩거렸다.

"우리 엄마는 아직도 안 오셨단 말예요!"

등을 어루만지는 내 손을 뿌리치면서 울음 섞인 목소리로 항변하듯 말했다.

오늘은 그 아이들과 떨어져 있는 토요일이다. 숙제를 핑계로 전화를 걸었다. 아이들의 엄마는 아직도 부재중인 것 같다. 전화를 끊고 울먹이는 두 아이의 얼굴을 그리는 사이 어느덧 현충원 주차장이다. 잔디밭에 핀 제비꽃도 양지꽃도 방울방울 눈물로 보인다. 엄마 떨어진 아이들의 애처로운 눈물방울이 꽃송이마다 얹혀 있는데다 젊디젊은 청춘이 미처 못다 쓴 유서의 한 자 한 자 같아 애달프기만 하다. 주차장 한편에 매점이라고 쓴 건물 안으로 들어가니 현란한 꽃 무더기에서 통곡 소리가 나는 것 같다. 자식을 묻고 돌아서서 떨어지지 않는 발길을 돌려야 했던 어미의 피 울음이 썩지 않는 플라스틱 꽃으로 피어서 복받치는 설움을 토해내고 있는 것이리라.

사병묘역의 질서정연하게 늘어선 묘비들을 보니 현기증이 일어난다. '육군 일병 ○○○의 묘'라고 새겨진 비석 모서리에 일흔아홉에 돌아가신 고모의 이름이 작은 글씨로 새겨져 있다. 스물다섯 살에 지아비를 전쟁터에 바치고 낳았다는 유복자遺腹子가 그 비석을 닦는다. 아니 어루만진다. 얼굴도 모르는 아버지보다 어머니를 그리는 마음에서일 것이다.

생전에 고모께서 하셨던 이야기 중에 비문처럼 내 기억에 새겨진 대목이 있다. 어미가 제대로 먹지 못해서 나오지 않는 젖을 물고 보채는 어린 자식을 더는 볼 수가 없더란다. 그래서 아기의 기저귀를 잘라 숭덩숭덩 꿰매어 곡식 담을 자루를 만들었단다. 당시 시골에서는 돈보다 곡식으로 물건을 사고팔았다니 금고를 준비한 셈이다. 고모는 자루를 허리에 차고 아이를 둘러업었다. 밑천도 변변찮은 보따리장삿길에 나선 것이었다. 그저 수줍기만 하던 새댁에게 세 자매는 그런 용기를 안겨 주었던 것이다.

고모의 지극한 보살핌으로 세 자녀는 나름대로 알차게 인생을 꾸려 왔고, 이제는 자식에다 손자까지 데리고 와서 묘비 앞에 잔을 올리고 있다. 참배의식을 끝낸 가족들은 둘러앉아서 생전의 고모 이야기로 웃음꽃을 피워낸다. 장사 보퉁이를 이고 다니며 자녀를 길러 낸 모정이 피운 꽃송이들이다.

그런데 눈물바람 두 아이의 웃음꽃은 누가 피워 주나? 아이의 육신은 탯줄이 끊기면서 모체와 분리되지만, 마음의 탯줄은 그대로 남아서 끊임없이 어미의 사랑을 수유授乳하며 자란다. 그렇게 자란 아이라야 윤기 있는 웃음꽃을 피울 수 있다.

하하 호호, 묘비에 부서지는 햇살 같은 웃음꽃 위로 두 아이의 눈물방울이 뱅글뱅글 매암을 돈다.

망각의 미학

하루 일을 끝내야 할 시각입니다. 창밖에는 벌써 손톱 달이 마중 나와 어서 집에 가자고 재우칩니다.

그런데 요란한 발소리가 계단을 타고 올라옵니다. 가쁜 숨소리도 같이 올라옵니다. 점점 커지더니 문 앞에서 뚝 그칩니다. 사무실 문이 벌컥 열리면서 석이가 원망어린 시선으로 나를 쏘아보았습니다.

"믿을 수 없어요!"

앙다문 입술이 툭 터지면서 쏘는 말이 그랬습니다. 밑도 끝도 없이 무슨 말일까? 어리둥절해 있다가 기억 속을 더듬어 보니 녀석이 낮에 나에게 했던 말이 떠오릅니다.

"제가 집에 갈 때 책가방을 들고 가는지, 놓고 가는지 살펴 주세요. 오늘도 그냥 가면 엄마한테 혼나거덩요."

손짓을 하며 간절하게 부탁한 말이었습니다. 물론 그런다고 했지요. 그러나 나의 망각은 석이 것보다 한 단계 위에 있습니다.

내 죄가 아니고 망각의 죄이지만 나는 미안함을 감추려고 농담을 늘어놓습니다.

"임마, 그게 맨입으로 될 말이냐?"

아이는 그런 농담도 받아들일 여유가 없는지 웃음기 하나 없이 굳어진 표정으로 책가방을 메고 나갑니다. 어두컴컴한 언덕길을 한참 올라가야 할 텐데……. 터덜터덜 걸어가던 아이가 어둠 속에 묻히고 나서야 아이의 뒷모습을 따라가던 시선을 거둡니다. 그래도 퇴근하지 않고 남아 있었으니 그나마 다행이었다는 생각을 합니다. 다급하게 달려왔을 때, 불 꺼진 창에는 괴물이 얼씬거리고 문은 굳게 잠겨 있었다면 그 애의 마음이 어떠했겠습니까?

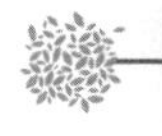

이튿날 아이는 종이컵에 가득 담긴 떡볶이를 불쑥 내밉니다.

"오늘은 꼭이에요. 제발 좀 봐주세요!"

나는 고개를 끄덕이며 떡볶이를 받습니다.

하루가 저물어갈 즈음 녀석이 앉아 있던 의자에는 여전히 책가방이 남아 있습니다. 어제처럼 또 발소리가 계단을 타고 오릅니다. 가쁜 숨을 몰아쉬는 아이의 콧등에는 땀방울이 송골송골 맺혔습니다. 아이는 책가방을 찾아 메고는 나를 한참이나 쏘아보더니 바쁘게 계단을 되짚어 내려갑니다. 뇌물도 소용없다고 혼잣말로 투덜거렸겠지요. 그런 녀석이 어떻게 마음을 돌려세웠는지 몇 계단을 내려가다가 돌아서서 나를 보고 씩 웃습니다. 나도 웃습니다.

나는 그날그날 가르친 내용을 아이들이 잊지 않도록 쪽지 시험을 치고, 오답을 다섯 번씩 쓰게 한 후에야 수업을 마무리하는 버릇이 있습니다. 그런데 아이들이 한 번에 백점을 맞으면 오히려 걱정스럽습니다. 살다 보면 잊어야만 되는 것도 있거든요. 어쩌면 잊을 수 있기에 살 수 있는 건 아닌지요. 오늘 아침 배달된 신문 48쪽의 정보를 다 기억한다면 아마도 어지럼증에 시달릴 게 뻔합니다. '한국인 사망 실종 20명, 336명 소재 확인 안 돼'를 어떻게 가슴에 묻고 산단 말입니까? 만날 수 없는 그리운 사람, 생각하면 할수록 가슴이 터질 것 같은 그 사람을 잊지 않으면 어찌합니까. 한꺼번에 잊혀지지 않으면 조금씩 지워가야 합니다. 그러지 못하면 타는 그리움에 가슴은 재가 되고 말 것입니다.

아이는 내일도 책가방을 학원에 두고 갔다가, 내가 문을 막 잠그려고 할 때쯤 다시 돌아올지 모릅니다. 나는 끝까지 녀석의 망각을 부축해 줄 생각은 없습니다. 지금 당장은 야속하더라도 머지않아 잊을 수 있는 것에 고마움을 느낄 때가 올 것입니다.

마음으로 보는 아이

같은 사물이라도 받아들이는 마음이 어지러우면 제 값을 못하는 법이다. 웃음소리가 들릴 듯한 햇살이건만 내게는 콕콕 찌르는 가시처럼 느껴지기만 했다. 뒷두리까지 주어가며 미장원에 다녀온 머리가 마음에 들지 않기 때문이다. 틈만 나면 복도로 나와 거울에 비춰 보지만 몽구리같이 되어버린 머리는 여전히 마음을 불편하게 했다. 새치나 염색해 달랬더니 파마까지 해 준 미용사가 원망스러웠다.

마음을 달래 보려고 눈길을 창밖으로 돌렸다. 저만치 중학교 쪽에서 헐렁한 교복자락을 팔랑거리며 여학생 하나가 달려오고 있었다. 한눈에 신입생인 것을 알았다. 3년을 입을 요량으로 넉넉하게 맞추어 입은 교복이 그걸 말해 주는 것이다. 새처럼 포롱포롱 가까이 다가오는 아이의 얼굴을 보니 내가 가르쳤던 아라였다.

아라의 얼굴을 보자 마음이 더욱 어두워졌다. 아이의 손을 끌어다가 내 입에 대고 입김으로 'ㅇ'과 'ㅎ'을 구분하게 하고, 아랫배에 대고 내 뱃살의 울림으로 끝소리를 가르친 아라다. 들을 수 없는 아이는 '오'자 '호'자 '혹'자를 다 '오'자로 읽었다. 그렇게 해서 7년 만에 초등학교를 마칠 무렵에야 일기를 쓰고, 마음이 내키면 편지도 써서 내 책상에 올려놓곤 했었다.

졸업을 앞둔 어느 날, 아라는 이제 학원에 오지 않겠다고 했다. 다른 아이들과는 달리 신경이 쓰이는 아이라 속 모르는 사람들은 홀가분하게 되었다고 할 테지만 나로서는 가슴이 아려왔다. 그 동안에 아등바등해서 가르쳐 오다 보니 아이하고 끈끈한 정이 엉겨 있었던지 애잔한 생각만 드는 것이었다. 하지만 그 분야에 전문 소양이 없는 나로서는 어쩔 수 없이 보내야만 했었다. 정만으로는 가르칠 수 없기 때문이었다.

아라는 내 시야를 벗어나 한참 달리더니 무슨 생각을 했는지 되돌아와 나의 시선을 끌어갔다. 유리창을 사이에 두고 나하고 빤히 눈을 맞추던 아이는 갑자기 동공을 부풀렸다.

변한 내 머리모양을 보고 놀라는 표정이었다.

"더대디, 에뻐요!"(선생님, 예뻐요!)

두 팔로 머리 위에 하트 모양을 그리는 아이는 얼굴에 온통 웃음뿐이었다. 정말로 예쁘게 보여서일까? 그건 아닌 것 같다. 청각장애이고 보니 마음으로 소리를 들어야 하는 아이는 보는 것도 마음으로 보리라. 그래서 나에게 끌리는 정으로 미운 것도 예쁘게 보는 것이다.

신체장애를 짊어지고 기우뚱기우뚱 살아야 할 아이의 앞날을 지레 걱정했던 나, 사사로운 머리카락에 마음을 앗겨 자지러질 듯한 웃음소리가 들리는 햇살도 우중충하게만 보았던 나에게 아이는 싱그러운 미풍 한 움큼을 뿌리고 갔다.

거짓말 도사

아이들은 질문을 해도 눈만 끄먹거린다. 구원하는 심정으로 맨 앞자리의 수진이에게 시선이 옮겨 간다. 그러나 의자는 비어있다. 수진이 할아버지께서 또 편찮으신가?

수진이는 집으로 돌아갈 때마다 가방을 비운 후 폐지를 가득 넣어 가지고 갔다. 할아버지 드리려고 가져간다고 했다. 그런데 요즘은 그게 필요 없다고 한다. 할아버지께서 건강이 더욱 나빠져서 폐지 모으는 일마저 그만 두신 것 같다.

수진이가 우리 학원에 처음 왔을 때의 일이 생각난다. 아이를 앞세우고 들어선 할아버지는 대뜸 수강료를 깎아달라고 하셨다. 입을 열 때마다 술 냄새가 났다. 옆에 서 있는 바싹 마른 꼬맹이는 표정 없는 얼굴로 시선을 바닥에 깔았다. 이것저것 물어도 눈도 맞추지 않고 말뚝처럼 할아버지 곁에 서 있었다.

할아버지께서 가시고 쉬는 시간이 되었다. 난데없이 강의실에서 울음소리가 들렸다. 아이들이 수진이를 괴롭혔던가 보다. 곤충들이 촉수로 교신하듯이 대부분의 아이들은 그렇게 지분거리는 과정을 거쳐서 마음의 통로를 열었다. 그런데 수진이는 다른 아이들하고는 달리 의외의 반응을 보였다. 묻는 말에 대꾸하는 대신 책상에 엎드려 목 놓아 우는 것이었다. 그 작은 체구 어느 구석에 그토록 많은 눈물과 설움이 고여 있는지, 아이는 쉬는 시간 내내 계곡물 쏟듯 눈물을 쏟아냈다.

그 일이 있고 나서 얼마 후에야 그 애만 남겨두고 부모님이 세상을 떠났다는 안타까운 사실을 알게 되었다. 그때부터 나는 아이에게 알량한 연민의 정을 베풀어야 한다는 의무감을 갖기 시작했다. 하지만 내가 주는 정이 안으로 스며들지 않는지 아이는 좀처럼 마음의 문을 열지 않았다. 어쩌다 말문이 터지면 가시 같은 불만을 쏟아냈다.

그렇게 나를 힘들게 하며 1년여 시간이 지난 어느 날, '외모지상주의'에 대해 구술하는 수업을 하게 되었다. 나는 아이들의 바른 생각을 유도하기 위해 스튜어디스가 되는 길과 교사가 되는 길을 예로 들어 외모가 취업에 영향을 미치고 있는 현실을 설명했다. 그때 수진이의 눈이 반짝 빛나더니 손을 번쩍 들었다. 외모지상주의에 반해 내면의 아름다움이 얼마나 중요한지 논한 뒤, 저는 키가 작아서 외모는 내세울 것 없으니 마음을 곱게 다듬어서 초등학교 선생님이 되고 싶다고 했다. 어린 소견에도 저의 집 형편이 어려워서 교대 등록금이 싸다는 말을 듣고 그쪽으로 마음을 굳힌 것 같았다.

나는 아이에게 거짓 예언을 했다, 하느님이 너를 훌륭한 선생님으로 이 세상에 내보낸 거라고. 아이들은 근거 없는 나의 예언을 비웃는 것인지 아니면 수진이를 비웃는 것인지는 모르지만 책상을 두들기며 웃었고, 아이는 금방 울음을 쏟아낼 것처럼 얼굴이 달아올라 있었다. 이런 때는 웃는 아이들을 나무라면 아이는 더 조롱거리가 된다. 나는 아이들의 웃음소리가 가라앉기를 기다렸다가 참으로 진지한 표정으로 초등학교 교사가 되는 과정을 말했고 이어서 교사로서 걸어야 할 길을 아는 대로 설명했다.

아이는 그때부터 달라졌다. 수업시간에 적극적인 것은 물론이고 표정이 밝아지고 걸음걸이도 경쾌해졌다. 무엇보다 학습능력이 눈에 띄게 향상되었다. 집에서 복습을 충분히 해

오는 것 같았다. 어제는 30분 분량의 시험문제를 내 주었는데 10분도 채 못 되어 시험지를 제출했다. 너무 쉬워서 금방 풀었다고 했다.

이제 수진이는 깊은 어둠의 터널을 벗어나 저 멀리 반짝이는 별을 향해 항해하고 있다. 그 애의 밝은 얼굴을 보면 국화꽃을 보는 것 같다. 그 작은 다리로 토닥토닥 계단을 올라오는 소리는 봄의 왈츠다. 제 몸피만 한 가방을 메고도 당차게 계단을 하나하나 찍어 올라오는 발소리가 너무도 듣기 좋았다.

"수진아, 네가 교대 입학하는 날, 아주 예쁜 최고급 구두 한 켤레 선물할게."

영문도 모르는 아이는 감사하다며 작은 몸을 반으로 접었다. 내 말대로 과연 그가 교대에 들어갈지는 미지수다. 그리고 구두를 선물하겠다는 내 약속 또한 실행될지 그것 또한 막연하다. 아니, 모두가 거짓말이라고 해야 옳은지 모른다. 하지만 거짓말 몇 마디로 아이에게 힘과 꿈을 안겨 줄 수 있다는 게 얼마나 신통한 효험인가.

거짓말이 정말로 바뀔 그 날이 기다려진다. 꿈을 안은 그의 밝은 표정을 볼 때마다 나는 선한 거짓말 도사로 길을 닦겠다고 다짐해 본다.

솔로몬의 지혜

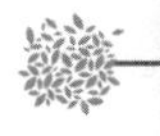

한 아이가 스케이트보드가 없어졌다고 징징거렸다. 나는 그 말을 듣자마자 반사적으로 다른 아이들의 표정을 훑어봤다. 두 녀석이 보일 듯 말 듯한 웃음을 교환하는 것이 눈에 띄었다. 직관으로 '저 녀석들이구나!' 했다. 오랜 경험에서 얻은 나만의 노하우이다. 그러나 그것만으로 녀석들을 몰아붙였다가는 오히려 잃어버린 물건은 영영 자취를 감추게 될 것이다.

시간이 자나자 스케이트보드 주인은 안달을 했다. 꽤나 애착을 가진 물건이었던가 보다. 아이는 책상에 엎드려서 속울음을 토해냈다. 찾아 주지 못하면 어쩌나, 수업은 진행하면서도 나는 속이 바작바작 탔다. 마음 같아서는 내 초등학교 시절의 선생님들처럼 학생 모두를 책상 위에 꿇어앉히고 벌을 주어서라도 찾아주고 싶었다. 하지만 빤히 보이는 범인을 두고 그럴 수는 없는 일이었다. 아이들도 무언가 알고 있는지 훌쩍거리는 아이와 시치미를 떼고 앉아 있는 두 아이에게로 시선을 옮겨가며 눈치를 살폈다. 잃어버린 아이만큼이나 가져간 녀석들도 괴로운 심정일 것이다. 이쯤 되면 꼭지가 돌 만큼 익은 과일이다.

"너희들이 나가서 찾아 주겠니?"

나는 책에다 눈을 두고 숨어 있는 두 아이에게 부탁하고는 천연덕스럽게 수업을 계속했다. 두 아이는 나간 지 얼마 안 되어 없어졌다는 스케이트보드를 들고 나타났다, 죄인이 아닌 개선장군처럼. 이런 아이들은 어떻게 다루어야 깊은 상처 없이 버릇이 고쳐질까. 잠시 생각하던 끝에 빛살 같은 영감이 떠올랐다. 그렇다. 그것은 신이 나에게 베푸는 영감이었다. 아침 햇살처럼 비치는 신이 하사한 영감으로 나는 스케이트보드를 주인 책상 위에 놓고 들어가는 두 아이를 앞으로 불러냈다. 칭찬을 기대하고 으스대면서 나오는 그 아이들에게 나는 '손바닥 두 대'씩 선물했다. 무언의 훈계였다. 그러는 나는 솔로몬의 지혜 같은 나의 교육방법에 도취해서 얼굴에 미소가 번져 있었을지도 모른다.

나의 매질이 아이의 양심에 제대로 적중했던지 한 녀석은 씨익 웃고 들어가는데, 광현이라는 아이는 씩씩거리며 땡감 씹은 얼굴을 했다. 이런 아이의 표정은 묵살해야 한다 싶어 나는 외면하고 수업을 계속했다. 그런데 한참 후에 광현이가 벌떡 일어나더니 "제가 훔치는 것 보았어요?" 하고 눈물까지 찔끔거리면서 소리를 질렀다. 난감했다. 못 봤다고 했더니 녀석은 더욱 성질을 내며 책을 내던지고 뛰쳐나갔다. 나의 솔로몬 지혜는 자책감으로 고개를 떨구었다. 자기 잘못을 스스로 깨우쳤으리라 믿은 것이 잘못이었다.

광현이가 나가고 얼마 지나지 않아서 나의 과실에 대한 처벌이 이어졌다. 혼란한 머릿속에 침을 꽂듯 노크 소리가 귀청을 울린 것이다. 광현이의 어머니가 들어서고 그 뒤에 아버지까지 얼굴을 내밀었다. 아이가 도둑으로 몰렸다는데 어찌된 일이냐고 따지듯 물어왔다. 할 말이 없었다. 그런 때는 우선 변명할 시간부터 벌어놓아야 하겠기에 수업 중이라고 간단히 몇 마디 해서 내보내고는 수업을 진행했다. 하지만 내 머릿속에는 시위자들의 성난 표정만이 어른거렸다. 어디서부터 얽힌 실매듭인지, 어떻게 풀어야 하는지, 도무지 정리가 되질 않았다. 부모까지 끌어들인 녀석이 원망스럽기도 하고 밖에서 시간을 축내고 있는 부모님들에게 미안하기도 했다.

겨우겨우 수업을 마치자 부모가 다시 들어왔다. 이번에는 위압감마저 들었다. 그러나 녀석을 의심하거나 체벌할 때 미움이나 화를 조금도 섞지 않았기에 떳떳이 맞섰다. 우선 그들의 얘기를 들어주어야겠기에 아무 말도 하지 않았다. 그런데 웬일인지 그들 또한 말이 없었다. 어색한 침묵이 흘렀다. 그러는 중에 눈가에 눈물자국이 꼬질꼬질한 녀석이 끼어들더니

"잘못했습니다. 용서해 주세요!"

하면서 배시시 웃는 것이 아닌가. 녀석의 웃음은 침묵 속에 갇혀 있는 우리를 헤어나게 했다. 웃음은 웃음을 불러오는 법, 녀석에게서 시작된 웃음은 나와 그들의 부모까지 멋쩍은 웃음을 머금게 했다.

그리고는 '상황 끝'이었다. 결국 솔로몬의 지혜는 녀석의 웃음이었던 것이다.

아름다운 가면을 위하여

오욕五慾으로 가득한 내 안은 끊임없는 갈망으로 불안정하며 칠정七情으로 콩케팥케입니다. 그래서 문밖에 나설 때는 가면을 씁니다. 기실, 내 안의 나와 사회적 나의 타협점인 반투명한 그것을 아름답게 가꾸는 일이 수필쓰기입니다. 내일의 새 가면을 위해 어제의 물상을 관조하고 나를 성찰합니다.

눈까풀의 가시

눈엣가시란 말이 있다. 몹시 싫거나 미운 사람, 남편의 첩 같은 존재를 일컬어 하는 말이다. 그 말의 뿌리를 더듬어 보면 눈에 가시가 들어있을 때의 고통이 어떤가 짐작이 간다.

그런데 언제부턴가, 세수할 때마다 눈까풀이 따끔거렸다. 괜찮다가 조금이라도 자극하면 찌르는 듯 통증이 오는 것으로 보아 가시가 박힌 것이 틀림없는 것 같았다. 때로 근질거려서 나도 모르게 손을 대면 온몸에 소름이 좍 돋는다. '눈엣가시'가 아니고 눈까풀에 박힌 가시일지라도 여간 신경이 쓰이는 게 아니다.

아마도 아이섀도를 사용하는 과정에서 벌어진 일인 것 같다. 그것을 붓에 묻혀 바르다가 털의 부스러기가 박힌 듯하다. 그 부스러기는 가늘고 부드러운데다가 색깔마저 투명하여 잘 보이지 않을 것이다. 그러나 그것은 내 눈까풀에 박혀 무시로 불편하게 하는 것이었다.

궁리 끝에 미장원에서 사용하는 뒷거울을 떠올렸다. 햇빛 밝은 날, 베란다에서 거울 두 개로 반사시켜 보았다. 그러나 가시를 빼는 것은 고사하고 실체조차 확인할 길이 없었다. 아이들에게 보였으나 역시 아무것도 보이지 않는단다. 노안이 된 남편의 시력 또한 믿을 수가 없는 노릇이었다. 보인다고 해도 민감한 눈 부분의 가시를 뺀다는 것은 기대하기 어려운 일일 것 같았다.

가시는 왼쪽 눈에 박혔으니 오른쪽 눈으로 보면 될 것 같은데 그렇지가 않았다. 내 눈까풀의 가시는 내 허물처럼 내 눈으로는 볼 수가 없었다.

나는 시력이 좋은 편이다. 어두운 곳에서도 잘 보고, 먼 곳의 상황도 제대로 파악한다. 그래서 지인들은 여행길에 나를 조수석에 앉히길 즐겨한다. 이정표나 장애물, 심지어 무인 속도측정 장치까지도 남보다 빠르고 정확하게 알아보아 대처할 수 있게 도와주기 때문이다.

그렇게 좋은 시력으로 내 몸을, 그것도 눈에서 가장 가까운 눈까풀의 가시를 볼 수 없다니…….

할 수 없이 근처 병원을 찾았다. 의사는 전기장치가 되어 밝게 빛나는 커다란 볼록렌즈를 내 눈에 대고 순식간에 가시를 제거했다. 의사는 처치실을 나가고 간호사는 뒷정리를 하는데 나는 침대에 누운 채 하늘을 훨훨 날았다.

의사는 제 눈까풀의 가시를 볼 수 있을까?

지폐 두 장

내가 나가기를 기다리는 것일까. 딸아이는 거실에서 뭉그적거리면서 일어설 줄을 모른다. 무얼 찾는지 부스럭거리는 소리가 화장실 문틈으로 새어들어 온다. 혹시나 제 손가방을 뒤지는 건 아닐까. 나는 딸아이에게 도둑 아닌 도둑의 심정이 되어 가슴이 두근거린다. 볼일도 없이 화장실에 들어온 터라 시간은 너무도 더디 간다. 가지고 들어온 신문을 펼쳤지만 글자가 눈에 들어올 리 없다. 변기에 앉아 얼마 동안 숨을 고르고 나자 굵직한 타이틀이 눈을 끌어간다. '침몰한 천안함 실종자 46명은 과연 생존해 있을까?' 누구에게나 관심거리겠지만, 요즘의 나에게는 일종의 기우까지 끌어들이

게 하는 특종기사다.

거실에서 옷가지를 매만지는 소리가 새어 들어온다. 무얼 찾는가? 어쩜 나를 기다리는지도 모르겠다. 그러나 나는 직장의 팽창이나 이완과는 상관없이 변기에 앉아서 시간을 뭉갠다. 딸아이가 가기 전에 나가서는 안 된다.

뻐꾸기시계가 일곱 시를 문틈으로 알린다.

"엄마, 나 가!"

언제 들어도 애티가 가시지 않은 목소리가 문틈으로 들어온다. 이어 현관문 닫히는 소리가 화장실 안으로 들어왔다가는 멀어진다. 현관문 소리에 끌려나오는 딸의 깊은 정이 애잔한 여운으로 남는다. 며칠 전 아들을 휴전선 근처 입영소에 데려다주고 나서 어디 한쪽이 떨어져 나간 듯 허전했는데 그것을 눈치 챈 모양이다. 바쁘고 피곤할 텐데도 일부러 시간을 내어 제 동생의 빈자리를 대신 채워 주러 왔을 게다.

나는 비로소 문을 열고 나왔다. 혹시 제 지갑을 열어보고 꺼내놓지는 않았을까? 거실 바닥을 둘러본다. 다행히 눈에 띄는 게 없다. 넣어준 도둑질은 들키지 않았다.

시계 소리가 유난히 크다. 방 안을 둘러본다. 얌전하게 개어놓은 빨래와 옷가지를 매만진 흔적이 봄날의 아지랑이 되어 아른아른 하늘거린다.

멀리서 산비둘기가 먹피를 쏟는 듯 운다. 먼 하늘에 새털 구름이 실타래처럼 풀어지며 산등성을 넘는다. 버스는 탔을까? 시계를 보니 떠난 지 십 분이 채 안 되었다. 손가방을 열어보고 되돌아올지도 모른다 생각하니 또 가슴이 뛴다. 시계 소리가 괴괴한 집안을 가득 채운다.

아이의 방문을 열어본다. 벽에 걸려 있는 옷을 손으로 쓸어본다. 다혜의 웃음소리가 바지에서 묻어나온다. 얼굴을 비비는 바짓가랑이의 촉감이 여린 뺨에 닿은 듯하다. 먼 거리를 두고 전해오는 숨소리도 들린다.

떠난 지 30분 되었다. 이젠 버스를 탔겠지, 안도감이 가슴을 쓸어내리면서 휑한 공간에 뾰로통해진 애의 얼굴이 보인다.

솜덩이 구름 한 떼가 앞산 마루턱을 넘는다. 산비둘기가 가까이 다가와 운다.

고작 2만 원이었다. 다혜나 나나 변변치 않은 벌이에서 거래되는 딴으로는 큰돈이다.

하마 전화 올 때가 되었는데……. 뿌리쳤을 거금이 지갑 안에서 발견되었을 때는 가난한 어미의 주머니를 턴 도둑만큼이나 마음이 아프겠다 싶어 거금을 넣어 준 도둑의 심정도 편하지는 않았다. 지갑 안에는 달랑 만 원짜리 한 장에다 천 원짜리 두어 장만 있었다. 산비둘기 울음이 자리를 뜨고 나자 참새 한 마리가 째릉째릉 빈 집안을 울린다. 그 소리에 묻혀 들릴 듯 말 듯 울리는 전화벨 소리! 그애일 것이다. 볼멘소리를 겉가량으로 생각하고 멋쩍게 전화기를 연다.

"그런 게 어딨어? 완전 반칙이야, 이건……."

원망이 석류알처럼 전화기에서 쏟아진다. 그 소리를 듣기나 한 것처럼 파릇이 돋아난 수련 잎은 방실방실 웃는다. 산마루를 넘어온 아침 햇살도 맞장구친다.

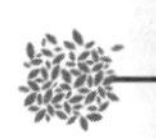

새야

딸아이가 떠났다. 사람 하나 차지했던 공간이 그렇게 컸던가. 집 안이 휑하다. 소리도 빠져나갔는지 진공 속처럼 이명이 울린다. 떠난 것은 잊고 올 날만 기다리자고 다짐하건만 현실의 공허감은 속일 수 없다.

휑한 공간을 더듬다가 수련으로 눈이 갔다. 유리창 안으로 들어온 다스운 봄 햇살에 새 잎을 쏘옥 쏙 내밀었다. 생글생글 웃음이 얼마쯤의 공허감을 달래 준다.

며칠 전 꽃이 피기를 재촉하는 마음으로 자배기를 창밖에 내어 놓았다. 어디선가 덩치가 꽤 큰 새 한 마리가 날아와서 자배기 안의 물로 조조조 목을 축였다. 새는 산머루 같은 눈으로 주위를 살피다가 나와 눈이 마주치자 호로록 날아갔다. 얼굴만 잠깐 보여 주고 떠난 딸아이만큼이나 아쉬움이 남는다.

또 와 주지 않을까? 다음 날 창가에서 서성거리는데 검은 물체가 돌멩이처럼 툭 날아들었다. 기다리던 새였다. 목이 몹시 마른지 연신 물을 찍어 고개를 쳐들고 삼켰다. 그러다가 아예 몸을 자배기 안으로 퐁당 집어넣고 양 날개로 물장구를 치며 파닥거렸다. 너무도 귀여워서 사진을 찍어 두려고 휴대폰을 조작하는 사이 새는 또 간곳없고 창문에 물방울만 어지러이 뿌려놓았다.

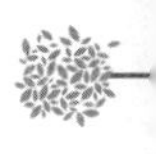

그리고는 며칠 동안 오지 않았다. 봄가뭄이 심해서 계곡마다 허연 바닥이 드러났는데 어디서 갈증을 달랠까. 똑같은 모양의 아파트 숲에서 우리 집을 찾지 못하는 것은 아닌가. 아니면 공해로 시야가 흐려져서 길을 잃었을까. 일자리 찾아 떠난 딸애를 기다리듯 목을 늘였다.

마침내 또 날아왔다. 이번에는 혼자가 아니고 짝을 데리고 왔다. 친구를 소개하는 것일까. 까만 눈으로 나를 빤히 보더니 자배기 안으로 퐁당 들어갔다. 함께 온 새에게 뽐내려는 듯 유리창에 물을 튀기며 요란하게 파닥거렸다. 나는 숨마저 죽이고 그들의 귀여운 모습을 지켜보기만 했다. 그러나 새들은 오래 있어주지 않았다.

어떻게 하면 자주 오게 할까? 시장에 가서 모이를 사다가 수련 자배기 옆에 펼쳐 놓고 기다렸다. 그러나 더는 오지 않았다.

간밤에 봄비마저 듬뿍 내렸다. 이제 새는 목 축일 물을 찾아다닐 필요가 없을 것이다.

수련 꽃이 필 날은 아직 멀었는데 손님으로 왔던 새는 오지 않는다. 제 밥벌이하러 떠난 딸아이도 이제는 잠시 들르는 손님이 되었으니 기다림만 커간다.

푸르른 날에

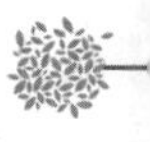

커다란 상자에 가득 담긴 아이스크림을 덥석 집어 입에 넣으려는 순간 사라져버렸다. 푸르디푸른 바다색이어서 보기만 해도 시원했는데 영상만 남아 갈증을 더했다. 마취상태의 나는 열이 있었거나 몹시 목이 말랐던 모양이다. 이어 사람들의 웅성거리는 소리가 간간이 들리고 가쁘기는 해도 숨통이 트인 것으로 보아 내가 의식세계로 돌아온 듯했다.

어디가 아픈지도 모를 지경이었다. 온몸 구석구석에서 마치 구조요청이라도 하듯 후끈거리고 쑤셨다. 주위에서 두런거리는 소리가 들려오다가도 통증이 올 때면 그 소리마저 가물가물 사라졌다. 누가 옆에서 무엇인가를 손에 쥐어주었다.

심하게 아프면 누르라고 했다. 통증을 덜 느끼게 하는 것인데 누르면 효과가 더 크다는 말도 가물가물 들려왔다. 물에 빠진 사람 실오라기라도 잡듯, 나는 그것을 움켜쥐고 시간과의 싸움을 시작했다. 아무것도 내 힘으로 할 수 없으므로 그저 시곗바늘이 제발 쉬지 말고 빨리 돌기만을 기도하면서…….

올 여름은 유난히 지루했다. 장마가 끝나자 바로 태풍이 연이어 몰려와서 질척거리는 날이 계속되었다. 딱히 신명나는 일도 없고 또 어떤 시도를 하고자 하는 의욕도 없었다. 휴가를 받은 남편이 어디든 며칠 다녀오자는 제의도 내키지 않아 "나가면 고생이오." 하고는 뭉그적거렸다.

그러다가 수술을 하게 되었다. 담당의사는 간단한 수술이니 걱정할 일이 아니라고 말했다. 마침 잘되었다 싶어 며칠 푹 쉴 생각으로 세면도구를 챙겼다. 화장품도 챙기고 그동안 읽으려다가 못 읽었던 책들도 여러 권 챙겼다.

그랬던 나를 비웃기라도 하듯 마취에서 깬 후의 통증은 꼼짝할 수 없이 고통스러웠다. 밤과 낮이 구분되지 않는 생활이었다. 시간과 상관없이 잠이라고 할 수 없을 정도의 비몽사몽이 계속되었다. 참으로 지루한 시간이었다.

옆 병상에 문병 온 어떤 여인의 진홍색 입술이 언뜻 보였다. 그 색이 내 취향이 아니고 여인의 옷차림과도 어울리지 않지만, 그래도 입술에 화장을 하고 마음대로 걸어 다니는 그 여인이 사무치도록 부러웠다. 나도 저렇게 할 수 있으려나. 겨우 숨 쉬는 것 말고는 아무것도 내 뜻대로 할 수 없이 전깃줄처럼 얼기설기 얽혀있는 온갖 호스에 의지하고 있는 내가 말이다.

그렇게 이틀을 지내고 나니 정신이 조금 돌아왔다. 간호사는 수시로 와서, 수술 후 배 안의 가스가 배출되어야 한다고 몇 가지 증상을 묻는데 통 기미조차 보이질 않았다. 환자복을 입고 병실에 누워있으면 마음마저 쇠약해지는지 자꾸만 그것이 신경 쓰여 불안하기까지 했다. 이런저런 걱정을 하고 있는데 마침 아들녀석이 들어왔다. 왜 그렇게 안 나오는지 모르겠다고 혼잣말처럼 중얼거렸더니 망설임 없이

"평소 하던 대로 하세요."

라고 조언을 했다. 나도 모르게 웃음보가 툭 터지고 수술한 배가 찢어지듯 통증이 오면서 무언가 뒤로 쑥 빠져나가는 느낌이 왔다. 가스가 배출된 것이었다. 그날, 수술 후 처음으로 멀건 미음 한 그릇을 받았다. 입맛이 없어서 먹고 싶은 생각은 없었지만 음식을 앞에 두고 보니 이제는 살았다 싶어 몇 수저 떠 넣었다.

참으로 긴 3일이었다. 그 후 일어나 앉고, 한 발짝씩 걷고 하면서 하루가 다르게 회복되어 열흘 만에 병원 문을 나설 수 있었다. 텔레비전 화면에서

"되돌릴 수 없을까요, 네? 안 될까요?"

하고 짐승처럼 울부짖던 사내가 떠오른다. 그는 한 여인을 짝사랑했다. 오랫동안 그녀를 기다리는 사이 사랑은 집착이 되어 그녀에 의해 모든 생활을 지배당하게 되었다. 그런데 여인은 그의 곁을 떠나고 만다. 어찌할 줄 모르던 사내는 자포자기의 상태로 거리를 방황하다 교통사고를 내고 만다. 그 일로 청력을 잃게 된 사실을 알게 된 사내는 '되돌릴 수 없느냐.'고 의사에게 애원하는 것이다. 그토록 고통스러워서 차라리 모든 것을 내팽개치려 했던 그날을 되돌려달라고 애원하는 것이었다.

다행히 나는 열흘 전의 모든 것을 되돌려 받았다. 내가 적당히 살았던 순간들, 불만이었던 이런저런 일들로 칙칙한 회색이던 내 일상들이 순색으로 다시 내게 돌아온 것이다. 퇴원하는 날 병원 밖의 햇살은 눈이 부시게 아름답고 나뭇잎의 푸른빛은 참으로 역동적이었다.

살아있다는 것이 이토록 아름다운 일인가. 아무것도 아니라던 일들이 의미 있게 다가오고, 주변의 모든 것이 보배로웠

다. 열흘 전 들어올 때 보았던 것과는 전혀 다른 세상이 내 앞에 펼쳐져 있는 것이었다. 고통도 가끔은 겪어 볼 일이다.

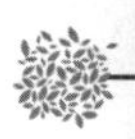

운전면허

내 어릴 적 가을 운동회는 동네 잔칫날이었다. 학생은 물론이거니와 부모님과 이웃집 할머니 할아버지, 또 멀리 외지에 나가 있던 언니, 오빠까지 모두 한 마당에 모여 즐기는 날이었다. 학교에선 그렇게 할 수 있게끔 날짜를 추석 다음 날로 잡아주곤 했었다.

아기자기한 운동회 종목에서 더욱 신나고 흥미로운 것은 역시 달리기 종목이었다. 나는 그 달리기 종목에서 항상 꼴찌를 했었다. 어쩌다 단상에 쌓인 상품에 현혹되어 무리하게 욕심을 내는 해에는 어김없이 무릎이 벌겋게 벗겨지도록 나뒹굴곤 했다. 해서 어머니는 도시락 보따리에 항상 '아까징

끼'라는 소독약을 챙기셨던 기억이 난다.

조금 더 자라 멀쑥하게 컸을 무렵 체육선생님께서 못한다는 나를 윽박지르시며, 당시 전국을 제패하던 필드하키부 연습장으로 데리고 가셨던 일이 있다. 우선 달리기를 한번 해보라고 하셨다. 그리고는 인재 발굴의 기대가 무산된 실망의 낯빛으로 나를 놓아주셨다. 어머니는 그러고 다니는 나를 '두댐바리'라고 하셨다.

세월이 흘러 가치관이 변하고 거기에 걸맞은 일상도 기동력을 갖추어야 하는 스피드 시대가 왔다. 이제 내 차가 있어야 편리한, 소위 마이카 시대가 온 것이다. 아이가 잠자다가 한밤중에 고열이 날 때면 아이아빠는 어김없이 숙직이었고, 무더운 여름날 하다못해 아이들 데리고 풀장에라도 다녀올라치면 오가는 길에 흘리는 비지땀이 한없이 짜증났다. 택시를 잡으려 해도 늘어선 아이들 때문인지 잘 서지도 않고, 어렵사리 승차를 해도 얌전히 앉아 있는 애들에게 발 조심하라는 둥 공연한 핀잔을 주기 일쑤였다.

그래서 우선 자동차 운전부터 배우기로 했다. 처음 학원에 갈 날짜를 잡아 놓으니 텔레비전 뉴스 시간에는 교통사고 소식만 나오는 것 같았다.

시험 종목은 세 가지였다. 교통법규와 자동차 구조 등을 테스트하는 학과 시험이 있었고, 복잡한 코스를 정해진 시간 안에 무사히 통과하는 코스시험과, 여러 가지 사태에 적응하며 주행하는 도로 주행 시험이 있었다.

학과 시험은 수월하게 통과했다. 첫째 관문은 통과한 셈이다. 그 다음 코스 시험에는 어떻게 떨어졌는지 기억도 없다. 같이 시험 치르던 아주머니가 청심환 먹고 오지 그랬느냐고 했다. 그리고 그 떨림이 가시지 않아, 두 번째 시험 날에는 아예 집에 누운 채 기권을 하고 말았다. 세 번째는 가르쳐 준 대로 앞으로 직진하여 옆선을 문고리에 맞춘 다음 우측으로 핸들을 세 바퀴 돌렸는데도 그만 떨어지고 말았다. 불합격 차임벨 소리가 왜 그리도 크게 들리는지……. 망신스러워서 눈물이 핑 돌았다. 집에 오니 아들녀석이 가지고 노는 장난감 전화기에서 또 그런 차임벨 소리가 났다. 불합격했다고 놀려 대는 소리로 들렸다. 아! 난 그 장난감 전화기를 밟아버리고 싶었다.

네 번째 시험을 보기 위해서 열심히 연습을 했다. 교습소 직원의 됐다는 소리에도 아랑곳하지 않고 불합격 차임벨이 울렸던 지점의 코스를 집중적으로 돌았다. 눈감으면 S, T, Z 코스 가 보이는 듯했고 우로 셋, 좌로 한 번이란 말이 양치질하다가도 툭툭 튀어나왔다. 드디어 코스 시험에도 통과했다.

이제 주행 시험 하나만 남은 것이다. 그러나 그 주행시험에서 또……. 이젠 애들 이모도 더는 아이들을 봐줄 수 없단다.

"놔둬라, 업고 다닐 테다!"

나는 화풀이를 누구에게 해대야 할지 몰랐다.

그러는 사이 운전학원을 다닌 지도 한 달이 넘고 두 달이 다 되어 가고 있었다. 남들은 보름이면 딴다는 면허증인데……. 안면이 익은 강사들 보기도 민망하고 수차 떨어진 압박감이 나를 괴롭혔다. 본디 운동신경이 둔한 내가 눈으로 신호기를 보며 손으로 방향을 조작함과 동시에 발로 속도 조절을 한다는 것은 무리였나 보다.

'낙타는 가장 깊은 절망에서만 태어난다.'고 했던가. 그래도 이대로 주저앉아 버릴 수는 없다는 오기 같은 것이 슬금슬금 생기기 시작했다. 어느덧 계절이 바뀌어 차창 밖으로 코스모스가 한창일 무렵 나는 또 애들 이모를 달래어 어린것을 맡기고 다시 시험장으로 가는 첫차를 탔다. 차창밖엔 분홍색 코스모스가 옹기종기 모여 앉아

"저, 아줌마 다섯 번째야!"

"가엽기도 해라! 또 떨어지면 어쩌니?"

하고 재잘거리고 있는 듯했다.

바로 그날, 드디어 난 두어 달 동안이나 가슴에 달고 다니

던 커다란 바위 덩어리를 멀리 계곡 밑으로 던져 버릴 수 있었다. 합격의 벨이 울리는 순간 나도 몰래 우리 아들처럼 "야호!"를 크게 외쳤다. 돌아오는 길에는 코스모스 꽃들이, 환영 나와 두 손 들어 환호하는 인파로 보였다. 가을바람이 그토록 상큼한 것도 그때 처음 알았다.

그러나 그 환희의 여운은 이틀을 채 넘기지 못하고 다시 슬슬 두려워지기 시작했다. 마음 한쪽에서 내 운전 실력을 우려하는 염려였다. 다섯 번에 걸쳐 면허는 땄지만, 한 순간에 일어나는 교통사고를 다섯 번 동안 연습하여 피할 수는 없지 않은가? 다섯 번을 연습하기 전에 나는 이미 저승에 가 있을 것이 아닌가. 이러한 생각은 다시 끔찍한 꿈으로 이어졌다. 많은 사람들이 내 부족한 운전 솜씨 때문에 불구가 되는 모습이 보여 식은땀을 줄줄 흘리다 깨어 보면 말똥한 눈으로 쳐다보고 있던 우리 집 공주는

"난 엄마가 운전하는 차는 타지 않을 것잉께, 그리 아세용."

하고 약을 올렸다. 아이도 내 실력을 눈치 챈 것이었다.

며칠 남모르게 고민하다가 마음을 굳혔다. '그래, 왜 사서 고생이냐? 택시기사에게 내 아들 눈치 좀 받는 게 교통사고 나는 것보다야 낫지, 그렇지 않아도 복잡한 도로에 나까지 끼어 생지옥을 만들 필요가 무어 있겠는가.'

심호흡을 한번 하고는 망설였던 용단을 내렸다. 면허증을 없는 것으로 간주하고 살기로 했다. 요즘 택시 정류장에서 줄서는 것이 예전처럼 그리 짜증스럽지 않다. 또 시내버스는 덩치만큼이나 듬직하여 안심하고 이용할 수 있어 좋다. 무엇보다도 밤마다 악몽에 시달리지 않아서 마음 편하게 산다. 그러고 보면 나는 시대감각마저 뒤떨어진 둔재임에 틀림없지만, 그래도 면허증 사건 덕에 차 없이도 여유 있게 살 수 있는 방법만은 터득한 셈이다.

섶다리

감투를 썼다. 여러 사람 앞에 선뜻 나서지 못하고 항상 뒷자리를 지키는 처지인데, 윗분들의 권유를 거절하지 못하여 중책을 맡게 됐다.

전 집행부로부터 한 상자 분량의 장부 일체를 물려받고 나니 한숨이 나왔다. 그렇게 많은 일을 내가 해낼 수 있을지 걱정이 앞섰다. 그러나 그런 건 나의 사정이지, 그걸 빌미로 단체에 누를 기칠 수는 없는 일이다. 우선 업무를 파악해야겠기에 퇴근길에 장부를 싸들고 왔다. 그리고 식구들이 잠든 시간에 그것들을 하나하나 검토했다. 그래도 이해가 안 가는 부분들은 따로 적어두었다가 전 집행부에 전화를 걸어 설명을 들었다. 저 스스로 굴러가는 줄만 알았던 우리 문학단체라는 수레가 많은 사람의 수고로움으로 힘겹게 여기까지 왔다는 것을 새삼 느껴 숙연해졌다.

내 일상에도 작은 변화가 왔다. 퇴근하면 먼저 컴퓨터를 켠다. 홈페이지를 한번 훑어보고 전자 우편을 수신한다. 며칠 전 동인지 발간을 위해 원고 청탁서를 보내 놓은 터라 더욱 꼼꼼히 살핀다.

오늘은 인천의 J 수필가가 수필 한 편과 함께 그림 메일을 보내왔다. 클릭하자마자 화면 가득 다리가 놓였다. '영월 섶다리'라고 짧게 설명해 놓았지만 내 머릿속에서는 이야기가 줄줄 이어졌다. 넘실대는 하천을 휘움하게 가로지른 섶다리! 황새의 다리를 연상케 하는 가는 다릿발은 소나기라도 한차례 쏟아 부으면 금방 떠내려갈 듯하다. 그러나 정겹기 그지없다.

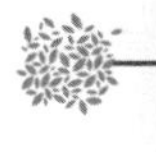

다리 건너편에 흐릿하게 보이는 마을에는 산수유 꽃인 듯 노란 꽃물이 푸른 하늘과 어울려 아련히 춤을 추고, 옹기종기 둘러앉은 농가에선 아이들의 웃음소리가 금방 쏟아질 듯하다. 이쪽 다릿목에는 제법 모양새를 갖춘 황톳길이 대처로 향하고 있다. 그 다리가 이어주었던 것이 무엇이었을까 생각해 본다.

어릴 때 우리 동네와 학교를 이어주던 보랫다리도 섶다리였다. 학교에 가려면 그 다리를 건너야 했는데, 우리들의 잦은 발길을 견디지 못한 나뭇가지들이 부러져내려, 발아래 냇물이 훤히 들여다보일 때도 있었다. 그러면 우리는 물풀 가에 모여든 올챙이 떼처럼 옹기종기 머리를 맞대고 그 구멍을 통해 보이는, 물살을 거스르던 송사리 떼를 구경하다가 집으로 가곤 하였다. 그렇게 며칠이 지나면 누군가가 새 섶으로 구멍 난 곳을 말끔히 보수해 놓았었다. 장마철에 그 다리가 떠내려가면 우리는 학교 가기를 포기해야만 했다. 섶다리는 단순히 하천을 건널 수 있는 구조물이 아니라 배움의 길로 향하는 희망의 통로였다.

지금은 그 자리에 넓고 튼튼한 콘크리트 다리가 놓이고 섶다리는 내 마음속으로 자리를 옮겼다. 내 안의 섶다리는 수시로 떠올라 어린 날의 순수세계로 날 안내하지만, 새로 생긴 큰 다리는 일 년에 한 번 지나기도 어려운 형편이니, 다리의 규모와 역할이 반드시 정비례하는 것만은 아니라는 생각이 든다.

내 기억 속에 또 하나 정겨운 다리가 있다. 책에서 보았지만, 현장에 가서 본 듯 마음속에 훤히 그려지는 징검다리이다. 옛날에 조그만 개울을 끼고 서쪽 기슭에 한 과부가 살고 있었단다. 그런데 언제부터인가 개울 건너편 동쪽 마을에 사는 홀아비와 정이 들어 밤마다 그 남자를 만나러 가고 있었다. 그러자니 과부가 사는 서쪽 기슭에서 동쪽 마을로 가는 마을 앞 개울을 건너야만 했다.

이를 알게 된 과부의 아들 형제는, 어미가 밤마다 맨발로 개울물을 건너가고 오는 것을 딱하게 여겨 개울물에 튼튼하게 징검다리를 놓아준 것이라 한다.

그보다 더한 효성이 있을까? 그렇더라도 죽은 아비에게는 불효일 수 있으니, 그 다리의 이름이 '효·불효다리'라던가.

나 또한 다리가 되고 싶다. '효·불효다리'처럼 누군가의 사랑에 징검다리가 될 수 있다면 축복받을 것이다. 좀 더 욕심을 부리자면 내 고향 보랫개울을 가로지르던 섶다리이고 싶다. 아침저녁으로 책 보따리를 둘러멘 어린 학생들의 재잘거림이 듣기 좋을 것 같고, 그들이 하나 둘 깨우쳐 커가는 모습도 보기 좋을 것 같다.

내가 보낸 청탁서에 섶다리 그림으로 화답한 J 수필가는 이런 내 마음을 꿰뚫은 게 아닐까? 이왕 떠맡은 장부, 나를 통해 회원들의 문학 작품이 세상으로 나가 어두운 곳의 빛이 되고, 차가운 곳의 온기가 될 수 있었으면 좋겠다. 섶다리는

디딜 때마다 휘우뚱거리고 자꾸 밟으면 섶 가지 몇 개쯤이야 부러져 내릴 것이다. 그러나 고향에서 그랬듯 누군가가 슬며시 보수해 줄 것이라. 그리 생각하니 내 다리가 섶다리의 다릿발인 양 슬그머니 힘이 솟는다.

공존의 평화

현관문을 열어 주니 꽤 큰 물건을 들고 어기적거리며 들어서서는 바로 베란다로 갔다. 여느 때 같으면 시장기를 못 이겨 부엌부터 기웃거려야 할 남편인데, 그날은 떠 놓은 국이 식은 후에야 흙 묻은 손을 닦고 식탁 앞에 앉았다.

수련을 구해 왔다는 것이다. 수련이라는 말을 들으면 금세 마음이 맑아진다. 언젠가 산속 암자 연못에서 처음 봤던 꽃, 무욕 무소유의 진리를 이야기하는 노승 앞에서, 청아한 수련에 반해 갖고 싶다는 생각을 했던 기억이 난다. 아무 때나 자태를 뽐내지 않고 잠깐 벙글었다가는 이내 다물어버리기에 더 정이 쏠렸는지도 모르겠다.

그 꽃을 내 집에 두고 즐길 수 있게 되었다니……. 반가움에 잰걸음으로 나가 보니 꽃은커녕 흙탕물 한 자배기가 덩그러니 놓여 있었다. 마치 공것을 탐하는 나를 나무라기라도 하듯이, 그것은 그렇게 흙탕물인 채 하룻밤을 지냈다.

이튿날 아침에 나가 보니 아직도 진흙이 덜 가라앉아 희부연 물속인데 뭔가 어렴풋이 있긴 있었다. 그러나 내가 기대한 것과는 거리가 멀었다. 그래, 노력 없이 얻을 수 있는 것이 어디 있겠는가. 본디 공것이나 요행 따위는 바라지도 않았고, 하다못해 윷가락을 집어던져도 제각기 엎어지고 잦혀지는 상황이 아니던가.

나는 나무토막 같은 그것에 정성을 쏟기 시작했다. 공들이다 보면 언젠가는 고운 자태를 보게 되겠지 하는 기대 때문이었다. 삐죽 올라온 연뿌리에 진흙을 돋아주고, 흙탕물을 뒤집어쓴 이파리가 탄소동화작용을 할 수 없을 것 같아 그림붓으로 살살 씻어 주었다. 무딘 내 손끝에 행여 연한 이파리가 상하지나 않을까 조심스러웠다. 백과사전과 인터넷을 뒤지며 수련의 습성을 파악하여 물을 갈아주고 해바라기를 시키는 등 정성을 쏟았다.

그렇게 얼마 간 지나니 내 노고에 화답이라도 하듯 함초롬한 새 이파리를 내밀었다. 그걸 보니 마치 신혼 초 근사한 내 집을 꿈꾸며 주택부금 통장을 장만했을 때처럼 가슴이 방망이질했다.

내 꿈에 부응하여 잎사귀는 점점 커지고 속에서 또 다른 새 촉이 올라왔다. 그렇게 수련을 돌보는 재미에 푹 빠져 나날이 새로웠다.

그러던 어느 날, 퇴근하여 보니 동그랗던 수련 잎 하나가 반쪼가리가 되어 있었다. 자세히 살펴보니 뜻하지 않은 불청객이 수련 잎에 달라붙어 나약한 연잎을 갉아먹고 있는 것이 아닌가. 속이 상했다. 그 미물도 나름대로 생존을 위한 행위였을 테지만 내가 원하지 않는 일이기에 못마땅했던 것이었다.

나는 핀셋으로 그것들을 모조리 잡아냈다. 연못에서 살아갈 일이지 왜 이곳까지 따라왔느냐는 원망으로 내 이기심을 얼버무렸다.

수련은 다시 새 잎을 밀어냈다. 뜯어 먹혀 볼썽사나웠던 이파리들도 새 잎에 가려 그럭저럭 볼 만했다.

그러던 어느 날 나는 아예 자지러지고 말았다. 한참 후 정신을 가다듬고 다시 들여다보니 아무 일도 없었다는 듯 수련 잎이 햇빛을 받아 윤기를 발하고 있었다. 참 이상한 일이었다. 분명 손가락만한 시커먼 것이 너푼너푼 춤을 추고 있었는데…….

이어 어린 시절 모내기하는 부모님을 따라다니며 모춤을 날라 주던 날의 일이 선명하게 오버랩 되었다. 나는 발가락 사이를 뚫고 올라오는 부드러운 논흙의 감촉이 좋고, 철벙철벙 바짓가랑이가 다 젖도록 논물을 헤치는 것도 좋아서 모내기하는 날이면 으레 부모님을 따라나섰다. 그날도 부모님의 모 꽂는 잰 손놀림을 따라잡느라 정신없이 모춤을 나르는데 자꾸만 종아리가 근질거렸다. 그래도 개의치 않고 부지런히 모춤을 날랐다. 새참 때가 되어서야 논두렁으로 나온 나는 종아리에 시커멓게 달라붙어 피를 빨고 있는 거머리들을 보고는 놀라 까무러치듯 비명을 지르고 말았다. 얼마나 놀랐는지 어머니는 모 심다 말고 청심환을 사러 가셨을 지경이었다.

아마도 시커먼 물체는 바로 그 거머리가 아닌가 싶었다. 그 후, 꺼림칙하여 수련 곁에 갈 수가 없었다. 믿지 않으려고, 지워버리려고 할수록 그 시커먼 물체는 자꾸만 내 속에서 꿈틀거려 머리를 가로젓게 했다.

속을 태우던 어느 날, 남편이 '수련 자배기에 거머리가 있는 것 같다.'는 것이었다. 내가 염려했던 일이 사실로 확인된 것이다. 그것 좀 잡아달라고 해도 남편은 못 들을 척했다. 아들에게도 부탁했다. 그러나 그것은 좀처럼 실체를 드러내지 않아 잡을 수가 없었다.

드디어 어느 날 검은 물체가 춤을 추고 있었다. 얼른 나무 젓가락을 가져오라고 남편의 등을 떠밀었다. 그러나 이미 자취를 감춘 후였다. 그것은 발자국의 작은 울림도 감지하여 몸을 숨길 줄 아는 대단한 능력을 갖추고 있었다. 만만치 않았다.

하루는 마음을 다잡고 자배기 안을 샅샅이 뒤졌다. 그러나 어디로 숨었는지 찾을 수가 없었다. 비슷하여 집고 보면 수련 줄기고, 썩은 수련 잎도 비슷하여 쿡 찔러보면 아니었다. 이곳저곳 살피다 보니 흙속에서 꿈틀거리는 게 보였다. 얼른 잡아내려 했으나 또 어디론가 자취를 감추고 말았다. 그렇게 들쑤시다 보니 물이 흐려져서 결국 아무것도 보이질 않게 되었다. 마음을 가다듬고 흙탕물이 맑아지기를 기다릴 수밖에 없었다.

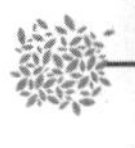

다음 날이 되어서야 어렵사리 그놈을 잡을 수 있었다. 그런데 이상한 일이었다. 속이 후련할 것 같았는데 그렇지 않았다. 수련 이파리가 찢기고 뿌리가 잘려 물 위로 반은 떠올랐다. 꿈꾸어오던 수련 꽃의 고운 자태와는 거리가 멀었다. 차라리 그냥 둘 걸 그랬나? 이파리를 갉아먹던 쇠우렁이도, 너울너울 춤을 추던 거머리도 다 그들의 삶을 살아가고 있던 것인데……. 허탈한 마음을 달랠 길이 없었다. 나는 왜 그것들이 그렇게도 싫었을까. 태깔 고운 수련이 저 혼자 내게 올 리가 있었겠는가. 저 이글거리는 태양도 그림자를 데리고 오지 않던가. 수련만을 취하고자 했던 어리석음을 후회했다. 애당초 연지에서 수련을 떠온 행위부터가 순리를 역행한 처사였는지도 모르겠다는 자책감마저 들었다.

내 안의 지우개

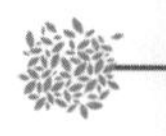

얼마 전이다. 인간의 세속적 번뇌와 견성見性의 과정을 그린 불교극 〈그것은 목탁구멍 속의 작은 어둠이었습니다〉를 관람하고 있는 중이었다. 무대의 중앙에는 흰 천에 싸인 관이 조명을 받아 푸르게 빛나고 있었다. 그 앞에 칙칙한 승복 차림의 주인공이 금방이라도 쓰러질 듯 힘없이 앉아 목탁을 두드리고 있었다. 저승길 떠나는 망자를 배웅하는 의식인 모양인데, 분위기가 경건하다기보다는 공포감을 느끼게 했다. 반소매 아래로 소름이 돋는 걸 느꼈다. 다른 관객들도 숨소리조차 내지 않아, 황량한 공간에 나 혼자 남은 듯 적막하기까지 했다. 바로 그 때 관 속의 시신이 벌떡 일어났다. 쓰러지는 주인공의 단말마와 객석의 비명이 하나 되어 허공을 산산조각내고 다음 막으로 이어졌다.

무대의 배우가 묘사한 고뇌는 객석의 나에게 그대로 전이되어 고통스럽고 불안했었다. 그러나 극장 문을 나설 때쯤 그 장면은 생각나지 않고, 주인공이 깨달음을 얻어 법열의 충만한 기쁨으로 불상을 완성하던 장면만이 남아있는 것이었다.

내 몸안에 지우개가 들어 있는 것일까? 보고 듣고 느꼈는데 그렇지 않았을 때와 같은 상태가 되었으니 말이다. 그것은 다른 기관들처럼 한곳에 머물러 있지 않고, 가슴과 머리를 왔다갔다 하며 기억을 지워 감성을 조절하는 것 같았다.

그것은 때로 고장이 나기도 하는 것일까? 벌떡 일어나던 시신의 모습 따위를 지워버리는 것까지는 좋지만, 지우지 말아야 할 것을 지워버리기도 한다. 준비물을 잊어 출근길에 엘리베이터를 타고 오르락내리락하게 하는 건 예사이고, 때로는 다른 사람과의 약속까지도 지워버려 주위 사람들까지 골탕 먹이기도 한다.

그런데 잊었던 일들이 다시 기억되기도 하는 걸 보면 역시 성능이 백지상태는 아닌 모양이다. 언젠가 존경하는 두 선생님을 모시고 저녁식사를 한 적이 있다. 내가 청한 자리이기 때문에 먼저 일어나 음식 값을 치르려고 했다. 그런데 빈손인 것이었다. 난감했다. 혹시나 하는 마음으로 앉았던 자리를 슬쩍 훑어보았다. 그러나 지갑은 없었다. 분명 차에서 내릴 때 지갑을 챙겼는데, 머릿속이 하얗게 지워진 것처럼 어디에 두었는지 도무지 생각이 나지 않았다. 혹시 두 분께서 눈치 채실까 염려되어 먼저 나가시라 권한 뒤, 계산대의 사내에게 양해를 구한 다음 화장실로 들어갔다. 손이라도 닦으며 당황스러운 마음이라도 진정시켜보기 위해서였다. 그런데 문득 손을 닦았던 일이 떠오르고, 이어 세면대 위에 지갑을 올려놨던 장면도 그려지는 것이었다. 지갑은 그 자리에서 기다렸다는 듯이 방긋 웃고 있었다.

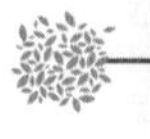

심리학자 에빙하우스는 지우개(그는 그것을 망각이라 했다.)의 성능에 대해 오랫동안 연구한 사람이다. 그의 연구 결과에 의하면 지우개는 습득한 상황을 1시간 후에 절반정도, 하루가 지나면 70퍼센트, 한 달이 지나면 80퍼센트 정도 지운다고 했다.

학창시절에는 그런 지우개가 야속했었다. 지우개의 횡포에 대항하여 머리를 쥐어뜯으며 밤을 새기도 했다. 에빙하우스가 말한 대로, 반복학습만이 지우개의 횡포에서 벗어날 수 있는 길이었기에 반복 또 반복을 되풀이하여 같은 내용을 주입시키곤 했다. 그래도 막상 시험지를 받아들면 그놈의 훼방으로 얼마나 애를 태웠던지…….

그러나 지금은 그것이 고마울 때가 많다. 나이가 들면서 보이는 것이 많아진 탓인가? 보기 싫은 것도 많이 보인다. 듣기 싫은 말, 심지어 내가 행한 언행에도 후회가 되어 지워버리고 싶은 것이 많다.

그런 것들은 기억에서 지우고 싶다. 전에는 옳지 못한 것들은 바로잡으려 애를 태웠고, 그렇게 하지 못했을 때 부끄럽기도 했다. 그러나 내가 다 옳으며 내가 이 세상을 다 책임질 수 있겠는가.

잊을 것은 잊었으면 한다. 그런데 극 중의 주인공이 갖고 있던 지우개는 성능이 형편없는 지우개였던 모양이다. 제목에서 표현했듯 '목탁구멍 속의 작은 어둠'일 뿐인 것이 지워지질 않고, 오히려 점점 커져 온 세상을 덮고, 그를 그 안에 가두었다. 그리하여 그는 방향감각을 상실한 채 어둠의 늪에서 방황했다. 작은 어둠을 지울 수만 있었다면 고통스럽기만 하던 주인공의 삶이 밝고 희망적이었을지도 모를 일이다.

그러므로 지우개는 때에 따라선 소중히 지녀야 될 때도 있지 않을까? 목탁구멍 속의 작은 어둠이 점이 되어 스러질 수도 있고, 반대로 온 세상을 암흑으로 만들 수도 있기 때문이다. 지우지 말아야 할 것은 지우지 않도록 하는 게 좋다. 사소한 인연, 작은 아름다움이라도 잊지 않고 기억해 둔다면, 그것이 살아가는 데 길동무가 되고 버팀목이 될 수도 있을 게다.

극의 말미에 "미추美醜가 따로 있는 것이 아니다."라고 했던 말이 아직 가슴에 남아있다. 그 말은 지우개의 성능을 얘기한 것이 아닐까.

지우개와 잘 지내야겠다. 깜빡깜빡 잊는다고 야속하다고만 할 것이 아니라 귀하게 여기며 가꾸어야겠다. 그러면 그것은 나를 편안하게 해 주다가, 때가 되면 망각의 강 레테로 인도하여 이승의 내 어두웠던 것들을 말끔히 지워 줄 것이 아닌가.

나비야, 날아라

노무현 전 대통령이 돌아가신 지 5일째 되던 날, 봉화마을에 차려진 분향소에 나비 한 마리가 날아들었다고 한다. 하얀 나비는 분향소 주위를 맴돌더니 옅은 미소를 머금고 있는 영정 속 고인의 얼굴에 살포시 내려앉았다. 눈물바람으로 전국에서 몰려들어 참배하다가 그 광경을 본 사람들은 고인의 영혼이 잠시 들른 것이라며 나비를 반겼다.

나비는 변신의 능력과 불멸성을, 그리고 죽음과 타락으로 보이는 것들(겉으로는 생명이 없어 보이는 고치)로부터 깨어 일어나는 아름다움을 뜻한다고 한 데이비드 폰태너의 글이 떠오른다. 그렇다면 고인은 이제 고통에서 헤어난 것일까?

부끄럽지만 나는 정치판에 별 관심이 없다. 화려한 정치공약은 수두룩했지만 서민들의 생활은 늘 그 나물에 그 밥이었기에 자연스레 그렇게 된 것 같다. 정치란 나라를 다스리는 일이니 그래도 정치하는 사람들은 나보다 여러모로 나은 사람들이겠거니 생각할 뿐이다.

돌아가신 노무현 전 대통령에 대한 생각도 마찬가지였다. 다만 그분에게는 특별히 고맙다는 생각을 하나 더 갖고 있었다. 몇 해나 되었을까. 전주에서 열린 어느 행사에 참석하고 돌아오는 길에 청남대를 들른 일이 있었다. 노무현 대통령이 집권하기 전이었더라면 가당치도 않았을 것이다. 대통령 별장은 국가 1급의 경호시설로 4중의 경계철책을 설치하여 관리했다니 근처에서 어물거리다간 문전에 닿기도 전에 총질을 당했을지도 모른다.

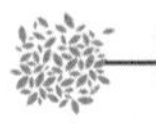

그러나 우리는 그날 '대통령의 별장'으로 들어갔다. 그곳은 한여름인데도 더위를 느낄 수 없었다. 발길 닿는 곳마다 진귀하고 아름다운 초목들이 우거져 있고, 건물은 눈이 휘둥그레질 정도로 으리으리했다. 거실에서 내려다보이는 대청호 맑은 물에 마음을 담그니 대통령이라도 된 듯 더 바랄 것 없이 흐뭇했다.

그 후 나는 계절이 바뀔 때마다 집에서 그리 멀지 않은 그

곳을 찾았다. 철 따라 바뀌는 아름다운 광경을 즐기기 위해서였다. 대통령도 아니고 그 가족도 아닌 내가 대통령 별장에서 여가를 즐길 수 있었던 것은 노무현 대통령이 청남대를 충북 지방자치단체에 이양해 국민들이 이용할 수 있도록 배려했기 때문이다. 정치란 그런 것이 아닐까.

그의 어느 면은 존경하기도 했다. 대개의 정치인들과 달리 그는 명문대 출신도 아니고 강남사람도 아니었다. 지방의 상고를 겨우 졸업한 우직한 촌사람이었다. 그런 그가 대통령이 되기까지는 수없는 난관을 거쳤을 것이다. 포기하지 않고 지나온 길에 고개를 숙이지 않을 수 없다.

변호사가 되고 대통령이 되어도 텔레비전에 비친 그는 고향 아저씨 같은 모습이었다. 사람들은 그런 그를 인권변호사, 서민대통령이라 불렀다. 그와 정치사상이 다른 사람들은 비하하기 위한 속셈으로 촌놈이라고 불렀다. "자신에게 손해를 끼치는 일이 뒤따를 때 고통스러웠다. 그러나 결코 의로운 길을 버리고 이로운 길을 쫓진 않았다."라고 그는 회고사에서 말했다. 촌놈답게 처신하고 촌놈들과 함께 갈 수 있는 길을 닦아 왔다는 것이다.

그가 대통령 임기를 마치고 고향 마을로 내려가자 일부 언론매체에서 그의 비리를 캐기 위해 안달을 했다. 유서에서도 밝혔듯 검찰에서는 가족 · 동료 · 지인들까지 불러들이고 가두기도 했다. 오로지 청렴하게 살고자 했던 그를 도덕적으로 파멸시킨 것이다. 재직시절 청와대 대통령특별교부금 6조 원을 국민에게 돌려주면서, 내겐 그렇게 큰돈이 필요하지 않다고 했던 사람인데 거액의 뇌물을 받았다니 혼란스러울 뿐이다.

이제 그는 오욕으로 얼룩진 육신을 벗고 우리 곁을 떠나 나비가 되었나 보다. 그러나 나비는 나비로 끝나는 것이 아니다. 꽃이 열매를 위해 지듯이 나비는 더 많은 나비를 위해서 산화했을 것이다. 그가 남긴 촌놈 같은 수수한 말들은 우리 역사 속에서 촌놈의 대로를 열어 주었다. 어느새 내 마음속에도 한 마리의 나비가 날아와 앉아 있다. 부디 포기하지 말고 정의의 세상을 열어가라는 메시지를 보내는 나비였다.

몸으로 쓰는 수필

원고 마감일이 다가오면 쫓기는 산짐승이 된다. 마음의 문은 열리지 않고, 머릿속은 하얗게 지워져 포수처럼 다가오는 마감날짜가 두렵기만 하다.

자신의 체험을 소재로 자신을 표현하는 것이 수필이라 한다면, 나는 여러 가지 면에서 수필가로는 부족한 사람이다. 특히 독서량이 부족해서 안타깝다.

어느 날, 글 쓰는 고향 친구에게 그런 심정을 꺼내놓았다. 대학에서 불교철학을 강의하는 그는 해박한 지식과 심오한 사상을 바탕으로 해서 거침없이 글을 써낸다. 그런 그의 대답이 의외였다.

“머리로 쓰려 하지 말고 가슴으로 써.”

머리가 앞서면 예술적 감성이나 개성이 가려지게 된다는 것이었다. 쾅쾅 울리는 음악 소리 때문에 그의 말을 다 알아들을 수는 없었지만, 내가 쓰는 글이 부족하지 않은 글이며 오히려 자신의 글은 좋은 글이 못 된다는 둥 객소리를 하며 의기소침한 나를 달래 주었다.

그의 이야기를 곰곰이 되새겨 보니 역시 나는 수필다운 수필을 쓰기에는 부족한 사람이란 생각이 든다. 머리로 쓰든 가슴으로 쓰든 모름지기 좋은 수필이란 글쓴이의 고매한 인품을 읽는 이에게 전하는 것일 텐데, 허둥지둥 앞만 보고 살아가는 내가 보여 줄 것이 과연 무엇이 있을 것이며 더욱이 미적 감동을 어찌 줄 수 있을 것인가.

어제는 동인지 ≪천안문학≫ 출판기념회가 있었다. 어둠 속에서 미로를 가듯 낱말들을 찾아 문장을 이어가고, 다시 쓰고 지우고를 반복하여 탈고한 것을 출간하니 마치 산고를 치르고 자식을 출산한 느낌이었다. 또 한 가지 일로 동인지 출판기념회는 남다르다. 출판을 기뻐해 주는 후원회장님이 계시기 때문이다.

내가 그 분을 만난 것은 구십 년대 초반의 일이다. 회원들의 창작의욕은 대단했으나 그것이 결실을 보지 못하는 것을 안타깝게 여긴 그가 기꺼이 출판비를 대겠다고 나선 것이다.

그런데 나는 그분을 대하는 순간 부끄러워서 온몸이 달아올랐다. 고마움의 표시는 고사하고 얼굴조차 들 수 없었다.

그분은 내가 첫아이를 임신했을 때, 산부인과 담당 주치의였다. 진찰실에서는 믿음직한 의사였지만 밖에서 만나니 단지 외간 남자로 보일 뿐이었다. 부끄럼 많던 새댁 시절에 내밀한 곳까지 다 보여줬던 사람을 만났으니…….

'그분도 나를 알아볼까? 설마 그 많은 환자를 다 기억하진 못하겠지?' 하고 마음을 달래봤지만 열 달 내내 한 번도 거르지 않고 산전 검진을 받아왔는데 모를 리 없다는 생각에 얼굴이 달아올랐던 것이다.

그 후 모임에 나가도 인사는 고사하고 혹시 눈이라도 마주칠까 두려워 뒷자리에 앉아 고개를 들지 못했다. 그러는 사이 동인지는 1년에 두 번씩 거르지 않고 출간되었다. 1년에 한 번도 못 나오던 때에 비해 쪽수도 넉넉하게 만들어졌다. 동인들도 늘어나고 수준도 향상되어 일간지 신춘문예에 당선하는 사람도 있고, 문예지를 통해 등단의 절차를 거치는가 하면, 각종 문학상을 받는 회원도 많았다. 무엇보다 출판비를 충당하기 위해 광고주를 찾아다닐 필요가 없어져 집행부의 어깨가 가벼워졌다.

그동안의 출판비를 계산해 보니 엄청난 액수다. 강산이 두 번이나 변하도록 조건 없이 출판비를 내놓기란 쉬운 일이 아니었을 것이다. 좋은 글을 써서 보답하자고 했지만 나는 아직 그 약속마저 지키지 못하고 있다.

어제도 그분은 까만 연미복 차림으로 나오셔서 안주머니 깊은 곳에서 하얀 봉투를 꺼내어 놓고 가셨다. 문을 나서는 그분의 뒷모습을 바라보는데 한 편의 좋은 수필을 읽었을 때처럼 울림이 왔다. 행복은 사랑에서 시작하여 나눔에서 완성된다고 믿는 그분은 온몸으로 수필을 쓰시는 건 아닐까.

기다림

일요일 아침, '땡순이의 이중생활'이라는 제목이 호기심을 끌어서 텔레비전 앞에 앉는다. 땡순이라는 이름으로 보아 주인공은 개 같은데, 이중생활이라니…….

그런데 개라고는 찾아볼 수 없고 산자락에 달랑 집 한 채만 덩그렇게 화면을 채운다. 그것이 땡순이네 집이란다. 집은 비어 있다. 땡순이는 아침 일찍 나갔다가 밤이슬을 털고 돌아온다고 한다. 온 종일 어디를 쏘다니는지, 보살펴 주는 주인은 걱정 되어서 묶어놓기도 했지만, 피울음을 쏟는 땡순이를 차마 볼 수 없어서 풀어줄 수밖에 없다는 것이다.

화면이 바뀐다. 내 어머니 유택 가는 길처럼 보얀 아침 안

개 속 구불구불한 산길로 달려가는 개 한 마리가 보인다. 한참 달린 개는 어느 외진 공장에 다다르자 스스럼없이 들어가고, 이어서 직원인 듯한 몇 사람도 공장으로 들어간다.

공장 사람들은 땡순이를 '달자'라고 부른다. 공장 안을 한 바퀴 돌며 사람들과 인사를 나눈 달자는 건물 앞 도로 가에 자리를 잡는다. 그곳에서 그렇게 누군가를 기다린 지가 일 년이 넘었다고 한다. 달자라는 이름도 그곳에서 얻었다. 차디찬 콘크리트 바닥에 엎드려서 꿈쩍도 하지 않고 찻길만을 바라본다. 알싸한 바람 속에 코를 벌름거리면서 바람 냄새를 맡는 것이다. 누구를 기다릴까. 간잔지런한 눈으로 먼 산줄기를 바라보던 초로의 그 노인과 같은 눈빛이다. 노인은 현충원 비석에 헐렁한 윗도리를 입혀놓고 집에 가자고, 차디찬 돌에 애원했다. 천안함 사건으로 희생된 아들을 기다리는 것이었다. 그 노인 또한 눈에 파란 하늘이 가득 괴어 있었다.

점심때가 되자 공장 사람 하나가 달자에게 사료를 갖다 준다. 그러나 달자는 먹이를 앞에 놓고도 멀거니 찻길만 바라본다. 기다림의 대상이 궁금해질 무렵 달자는 슬그머니 몸을 일으키더니 어디론가 가기 시작한다. 공장 뒤꼍으로 돌아가더니 마른 잡초들이 제멋대로 우거진 곳에서 용케도 다 삭은 개 목줄을 찾아낸다. 그리움의 대상은 그 목줄의 주인이었던가 보다. 어디서 무얼 하고 있느냐, 꼭 와야 한다고 주인에게 다짐이라도 하듯 목줄을 쿡쿡 찍으며 코를 벌름거리더니 먼 산바라기를 한다. 공장 사람들의 말로는 달자가 기다리는 대상은 다시는 이 세상으로 돌아올 수 없는 곳으로 갔다고 한다. 달자는 다시 아까 그 자리로 돌아와 앉아서 길게 한숨을 내쉰다. 하루해가 다 가도록 그렇게 찻길만 바라본다.

어느새 어둑어둑 어둠이 밀려온다. 공장에서 트럭 한 대가 나오더니 차 문이 열리고, 운전사가 달자에게 뭐라고 한마디 하고는 이내 어둠 속으로 사라진다. 그만 돌아가라는 것일까? 아니면 내일 다시 만나자는 것일까? 이어서 몇 대의 승합차와 승용차가 달자 옆을 더 지나간 후 공장 문이 철커덕 닫힌다. 헤어지기 싫은 사람을 태운 열차의 문이 닫히듯이 말이다. 달자는 그제야 자리에서 일어나 아침에 왔던 길로 느릿느릿 되돌아간다. 땡순이라고 불러주는 집주인 곁으로 가는 것이다.

기다려도 오지 않는 대상을 기다린다는 것은 피가 마를 일이다. 감정이 없는 차디찬 돌에다 아들의 옷을 입혀놓고 집으로 가자고 애원하는 노인이나, 목줄이 다 삭도록 잊지 못하고 냄새를 확인하는 달자나 마찬가지다. 군에 입대한 아들을 기다리며 멀리서나마 마음의 옷으로 감싸주는 이 어미는 그 기다림이 얼마나 목마른지 더 잘 안다. 영영 오지 않을 사람을 기다린다는 것은 돌아올 사람을 기다리는 내 목마름에 피가 마르는 고통이 더한 것이리라. 어차피 오지 못할 바엔 무감각한 그 빗돌이나마, 다 삭은 목줄이나마 뜨거운 생명의 피가 흐르게 할 수는 없을까?

어둠 속으로 사라진 달자의 처연한 뒷모습을 내 마음속에 데려와 보듬는다. 마음 한구석에서 초로의 노인이 먼 산을 바라보고 있다.

그림자

"이대루 죽으면 워쩐다유? 나가서 뒷정리두 해야 하는 디……."

팔순을 넘겼을 법한 할머니께서 회진하고 나가는 젊은 의사의 등 뒤에 대고 하는 푸념이었다. 그러자 할머니의 이웃 병상에서 노인 하나가 의사에게 매달리는 푸념을 잘라버렸다.

"정리할 게 뭐 있수. 가면 그만이지 뭐!"

듣고 보니 할머니에게는 아직도 풀지 못한 숙제가 있었다. 결혼하고 몇 달 지나서 집을 나간 남편을 찾아야 한다는 것이다. 남편은 6 · 25 전에 경비대에 들어가서 여태껏 소식이 없단다. 차라리 전사통지서라도 받았더라면 체념하고 보훈

금이라도 받을 수 있으련만 이것도 저것도 아닌 채 행방불명이 되어 할머니를 평생 곤궁한 기다림 속에 가두는 것이다.

간호사가 와서 측정하는 할머니의 체온과 당뇨의 수치는 널뛰었다. 그런 상태에도 입맛을 다시면서 ㅇㅇ경로당 밥맛이 최고라는 말을 양념으로 섞었다. 그 곳에서 점심 한 끼로 하루를 넘겨왔다고 했다. 침상에는 간호사만 몇 번 다녀갈 뿐, 문병 오는 이는 없었다. 한번 떠난 뒤로 소식도 없는 남편에게서 얻은 아들마저 과분하다고 저세상으로 갔다니 찾아올 사람이 있을 리 없다.

"일찌감치 새서방 찾아갈 일이지 무얼 바라고 이제까지 기다리셨어요?"

답답하여 불쑥 던진 내 말이었다.

"오빠가 지키구 있는디 워딜 간다유? 그러고도 아들이 있었잖유?"

돌아오는 대답 또한 답답하기는 마찬가지였다.

보훈대상자로 신청하자 남편은 '행방불명자'라는 답변으로 그마저 거절당했다. 행방불명? 여러 개의 물음표가 매달린 답변이다. 해방 직후의 혼란기라서 경비대에 있다가 유격대원으로 활동했다는 추측도 안겨주고 경비대에 입대한 일이 없다는 말로도 들리고……. 근거도 없고 증인도 없는데, 어떻게 유공자로 인정해 주느냐는 것이었다. 하지만, 집 나간 뒤로 편지 한 장 없었으니 무엇을 근거로 대며 군번도 없이 어느 골짜기에 묻혔을 테니 증인을 어디에서 찾는단 말인가. 우리는 근거라는 장난꾼에게 우롱당하는 경우가 수두룩하다. 억지로 표정을 꾸며서 가짜를 진짜로 만드는가 하면, 진짜를 가짜로 바꿔치기하는 게 근거라는 것 아닌가. 아무튼 할머니로서는 살아생전에, 그림자로 남은 남편을 유공자로 떳떳이 내놓고 싶을 것이다. 그것이 이날까지 목에 걸고 다닌 멍에이자, 죽기 전에 풀고 가야 할 숙제다.

잠을 못 이루고 뒤채는 할머니의 머리맡 창문에는 별이 촘촘히 들어와 박힌다. 모두가 진주알처럼 눈방울이 초롱초롱하다. 내가 증언해 주마고 나서는 그런 눈빛들이다. 잠도 안 오고 답답해서 창문을 여니 비단실 같은 바람이 목을 스친다.

고운 새싹이 한창 돋아날 때이다. 밤하늘의 별이 아니라고 해도 할머니가 기다리는 그분의 영혼에서 돋아난 새싹은 속삭이리라! 여기에 그 용사가 묻혀 있다고.

사랑을 위하여

새봄맞이 대청소를 하던 중이었다. 장롱 위에서 가계부 보따리를 발견했다. 누렇게 색이 바랜 보자기에 싸여 오롯이 세월을 이고 있는 주부 김용순의 살림 성적표였다.

나는 몇 점짜리 주부일까? 먼지를 털어내고 매듭을 풀었다. 새살림을 시작한 1980년의 어느 날을 펴보니 콩나물 200원, 김 350원, 돼지고기 1,100원, 파 150원, 동태 300원, 버스삯 320원이라고 적혀 있다. 버스를 타고 시장에 가서 찬거리를 샀던 모양이다.

십 년 후의 그날을 펼쳐보니, 두부 600원, 갈치 100원, 조기 1,000원, 콩나물 300원이라고 적혀 있다. 갈치 값이 100원인 것이 의아하다. 호기심으로 다시 10년 후인 2000년의 그날을 펼쳐보았다. 부식 27,000원이라고 적혀 있다. 30여 년간 앞치마를 두르고 있는 내 영상이 가계부 페이지를 넘길 때마다 동동거렸다.

2012년, 그날 역시 퇴근길에 마늘 2,000원짜리 한 봉지와 돼지고기 12,000원어치 산 것 외에는 지출하지 않았다. 톨스토이는 〈사람은 무엇으로 사는가〉에서 사랑으로 산다고 설파했는데, 나는 먹기 위해 살았나? 동지섣달 칼바람 속이나 한여름 뙤약볕 아래나 가리지 않고 일터로 내달렸던 것 같은데, 고작 하루 세끼 먹을거리를 마련하기 위해 그랬단 말인가.

가계부를 밀쳐놓고 하루를 꼼꼼히 되짚어보았다. 아침 7시, '하루의 시작'이라는 휴대전화 모닝콜 음악 소리에 잠이 깬다. 흐트러진 머리칼을 손가락으로 대충 훑어 내리며 부엌으로 향한다. 우선 손을 씻고 개수대 주위를 행주로 한 번 훔치고 나서 먹을거리를 장만하기 시작한다. 머리숱이 적어지는 남편을 생각해서 서리태를 섞어 밥을 안치고 냉장고를 열어 국거리를 찾는다. 무슨 국을 끓일까 결정하는 데 약간의 시간이 걸린다. 우선 식구들의 상태를 파악하기 위해 전날을 되돌아보는 것이다. 고기 종류를 먹었으면 푸성귀를 이용해 국을 끓이고, 식물성 음식을 먹었을 때는 생선이나 계란요리를 준비한다.

그런데 오늘은 갈지자로 들어와 코를 골고 있는 남편을 위해 주저 없이 황태를 꺼내 두드린다. 아침을 먹은 후에도 다음 식사 준비를 위해 설거지를 끝내 놓고 나서야 출근을 서두른다. 근무 중에도 틈틈이 '오늘 저녁엔 무얼 먹나?' 하고 고민한다. 잡무로 퇴근이 늦어진다. 그러나 시각에 관계없이 집에 돌아오자마자 앞치마부터 두른다. 퇴근길에 사 들고 온 음식재료를 꺼내놓고 다시 먹을거리를 준비하는 것이다. 저녁을 먹은 후, 다음날 아침거리 쌀까지 씻어놓은 다음에야 하루를 마감했다. 역시 내 하루는 먹을거리 장만으로 시작하여 먹고 난 빈 그릇 설거지로 끝이 났다. '다 먹자고 하는 일'인 것이 틀림없는 것 같다.

다른 사람들은 어떨까? 일기 쓰기를 가르친다는 명분으로 학생들의 일기장을 검사한 일이 있다. '짜장면을 시켜 먹었다. 맛있었다.' '삼겹살을 먹었다. 삼겹살은 파채와 먹을 때 짱이다.' '아빠가 밤 11시에 치킨을 사오셨다. 다 먹고 나니 동생이 일어나서 닭 뼈를 보고는 막 울었다.' '마당에서 작은집 식구와 우리 식구가 곱창을 구워먹었다. 또 먹고 싶다.'……. 온통 먹는 이야기뿐이었다. 맛있게 먹었기 때문에 기분이 '짱'이고, 더 먹고 싶어 했다. 잠자느라고 먹지 못한 아이는 눈물까지 흘렸다. 일기는 하루를 되돌아본 후 가장 인상 깊었던 일을 소재로 해서 쓰는 것이라고 가르쳤는데, 먹는 일이 가장 마음 깊이 새겨진다는 말인가.

그래도 만물의 영장인데 이럴 수야 있는가. 열어젖혔던 창문을 닫으며 달력을 보니 '빨간 날'이 이어서 다가오고 있었다. 그동안만이라도 먹고 사는 일에서 벗어나 보자, 먹고 살기 위해 마음 졸이던 시시한 걱정거리들은 트렁크 가득 실어 동해 바람결에 훌훌 날려 보내자고 인터넷 여행 사이트에 접속했다. 우선 강릉에 숙소 한 곳을 예약해 놓고 식구에게 다음 날 일정을 물었다. 그곳에서 북쪽으로 올라가느냐 남쪽으로 내려가느냐가 관건이었다. 작은녀석은 해안도로를 타고 북쪽으로 올라가야 대포항에서 값싸고 싱싱한 회를 실컷 먹을 수 있으니 그곳의 콘도를 예약하자고 조르고, 큰애는 요즘 대게가 제철이니 남쪽으로 내려가다 강구항에 들러 영덕대게 맛을 봐야 한다고 우겼다. 홀가분하게 털자고 떠나는 여행에도 '먹는 일'이 앞장서 일정을 좌지우지했다.

사람은 사랑으로 산다는데, 그렇다면 먹는 것이 사랑이란 말인가. 식구의 먹을 것을 준비하는 것이 일상인 나와, 먹은 것을 가장 인상 깊게 기억하는 아이들을 보건대 먹는 것이

사랑과 무관하지만은 않은 것 같다. 그렇다면 우리 식구가 대포항이나 강구항을 고집하는 것도 다 사랑을 위해서란 말인가?

그나저나 내일 아침엔 또 뭘 해 먹지? 제각각 입맛이 다른 식구를 골고루 사랑하자면 일찍 일어나야겠는 걸! 사랑을 위하여 '바보 주부'는 인제 그만 잠자리에 들어야겠다.

나의 문학관

– 아직도 먼 그대

문단 여기저기 쫓아다니며 회비 내기 시작한 지도 어언 이십여 년의 세월이 흘렀다. 그렇지만 문학의 알속을 궁구窮究하여 '이것이 문학이다.'라고 견해를 펼칠 형편이 아직 못 된다. 그런 주제에 공연한 수사로 본질을 흐리느니 차라리 문학을 짝사랑하는 속내나 털어놓아야겠다.

나는 박달재 아래 산골에서 태어나 멧새나 산토끼, 멧돼지 등과 이웃하여 자랐다. 농사지어 놓으면 그들이 무시로 내려와 쪼아대고 훑어먹고 남은 것이 우리 차지였으니 산짐승과 더불어 한식구나 다름없이 지낸 셈이다. 군입을 줄여 보려고 우리 자매들은 두렁으로 뛰어다니며 망을 보았지만, 큰골,

작은골, 새농골 여기저기 산비탈에 흩어져 있는 논밭을 다 지킬 수는 없는 노릇이었다.

그러던 내가 읍내 여중학교에 입학하면서부터 산짐승이 아닌 다른 것들에 관심을 두게 되었다. 무엇보다 좋은 것은 숙직실 옆 작은 도서관이었다. 그곳에는 산골짝 세계와는 비교할 수 없이 흥미롭고 유익한 세상이 빼곡히 꽂혀 있었다. 주로 소설을 읽었는데, 방과 후에 책에 빠져서 하나뿐인 통학 열차를 놓치기 일쑤였다. 밤이면 등잔불에 콧구멍이 새카맣게 그을리도록 책이라는 다리를 건너 산골짝을 빠져나가 소설 속 시공간을 여행했다. 마지막 장을 넘기고 나면 심장에서 철교를 지나는 기차 바퀴 소리가 났다. 책은 덮었지만, 이야기는 베갯머리까지 따라와 나의 상상 속에서 파노라마를 펼쳤다. 그것이 문학을 향한 흠모의 시작이었다. 그 때부터 나의 경쟁상대는 산짐승이 아닌 괴테와 이광수와 그리고 헤밍웨이로 바뀌었다.

그 후 학창시절 내내 대문호들에게 애꿎은 강샘을 부리며 문학의 언저리를 맴돌았다. 그런 내게도 콩깍지를 씌운 사람이 있었다. 형체도 없는 대상을 향해 목마르게 짝사랑을 하던 나는, 보고 듣고 만질 수 있는 이성에 눈이 멀었고 한동안 줄리엣으로 아내로 어미로 바삐 살게 되었다. 그 시절도 내

가슴을 울리는 '기차 바퀴 소리'가 더러 나긴 했지만, 돌아보면 자의식 없이 좋은 옷을 입고 맛있는 음식을 먹는 생활이었다는 생각뿐이다.

그렇게 바람에 뜬구름 밀려가듯 살아가던 서른여섯의 나에게 텔레비전 자막 '백일장'이라는 이름으로 다가온 문학의 유혹이 글을 쓰게 된 동인動因이 되었다. 십여 년 만에 다시 손을 내밀어 준 그는 볼 수도 만질 수도 없는 무형이면서도 부드러운 손길로 내 잠재의식을 자극했다.

그는 부족한 것, 불편한 것들 때문인 피상의 갈등에서 헤어나 본질을 바로 보는 지혜를 가르쳤다. 영원할 줄 알았던 내 마음마저도 변한다는 사실을 알게 하므로 가슴 시리던 이별의 아픔이나 견딜 수 없는 갈등과도 타협할 수 있는 여유를 갖게 되었다. 꽃을 꽃으로 보고 꽃씨에서도 꽃향기를 느낄 수 있는 혜안으로 세상을 내다볼 수 있도록 이끌었다. 그러니 그를 정인으로 삼을 수밖에 없는 노릇이 아닌가.

아이 둘이 일터, 배움터로 뿔뿔이 흩어졌는데, 요즘은 남편마저 가끔 집을 비운다. 빈집에 덩그러니 앉아 있으면 쓸쓸할 법도 하건만, 달력의 원고 마감날짜가 벌겋게 눈을 뜨고 지켜보니 외로움에 휘둘릴 새가 없다. 그것도 그의 덕이 아닌가.

그런 가운데도 한 가지 걱정만은 떨칠 수가 없다. 그를 향한 짝사랑이 나만을 위한 것은 아닐까. 나의 정서나 사상을 통해 본 사물이나 현상이 다른 이에게도 감동을 줄 수 있길 소원한다. 그리하여 그의 가치가 한층 빛나길 바라는 마음 간절하다.

창 너머 화분에 심어 두었던 진달래가 배시시 웃고 있다. 고향 양지 녘에는 냉이 달래가 돌 틈 사이로 파릇이 새순을 올리겠지. 눈 덮인 빈 밭을 헤매던 산짐승들은 그 덕에 허기를 달랠 수 있을 것이다. 고향에 가거든 곳간을 뒤져 먹다 남은 고구마라도 한 자루 밭가에 쏟아 둬야겠다.

그런 나를 그도 이제는 어여쁜 정인으로 여겨 주면 좋으련만……. 가까이 있어도 아득한 그대, 하기야 그렇게 쉽게 마음을 열어 준다면야 어찌 심오한 문학이라 하겠는가.

화유시월홍

드디어 꽃을 피우려나 보다. 푸른 잎 사이로 점점이 붉은 빛이 돈다.

이제, 창밖에 앙상한 가지로 서 있는 감나무가 잎을 피우고 그 잎이 단풍들어 떨어질 때까지 정열을 품은 이 붉은 꽃은 피어 있을 것이다.

'화무십일홍花無十日紅'이라며 오래 가지 못하는 세속의 권세나 세력을, 한순간에 피었다가 지는 꽃에 비유하곤 하는데, 이 꽃을 보노라면 무색하기만 하다. '화유십일홍花有十日紅'이다. 아니 '화유시월홍花有十月紅'이라고 해야만 할 것 같다.

꽃기린이나 사철패랭이 따위가 사철 꽃을 피운다고는 하

나 그것은 피고지고를 거듭하는 것이지 한번 핀 꽃송이가 사철 가는 것은 아니다. 백일이나 간다는 백일홍이 있지만 그 역시 말 그대로 백일뿐이지 않는가. 그러나 이 꽃은 이른봄에 피어 늦가을 영하의 기온이 되어야 붉은 빛을 거두어들이니 어찌 신비의 꽃이라 하지 않겠는가.

이 꽃이 우리 집에 온 것은, 안면도 꽃박람회가 처음 열리던 해였으니 십 년도 넘었다. 그동안 한 해도 거르지 않고 이른봄에 피어 가을이 다 가도록 지지 않는 꽃의 생리가 신기했다. 하도 궁금하여 이 사람 저 사람에게 물어보고, 사진을 찍어 인터넷 카페에 올려보기도 했지만, 그저 놀랍다는 반응만 보일 뿐 그 꽃에 대해 아는 이가 없었다. 생물학을 전공한 임 교수만이 품종을 개량한 철쭉일 것이라고 하며 역시, 그렇게 오래 가는 꽃 이야기는 처음 듣는다고 했다.

오래 간다고 해서 춘향전에 등장하는 늙은 기생 월매쯤으로 상상해서는 안 된다. 꽃망울이 부풀 때부터 앙증맞은 모습은 내 마음을 늘 설레게 한다. 추위도 채 가시지 않았는데 꽃을 준비하는 그것을 보면 귀여우면서도 대견하다. 꽃잎을 쉽게 펼치지도 않는다. 기다리다 기다리다가 지칠 때쯤이면 방울새 부리만큼 꽃망울을 내민다. 그렇게 인내의 시간을 견디게 한 다음에야 비로소 꽃잎을 한 장씩 펼친다. 그리고는 붉은색 탐스런 자태로 베란다를 장식한다. 무시로 내 눈길을 끌어 시간을 빼앗곤 한다.

꽃망울 옆에 쪼그려 앉아 있으려니, 고모님의 천도재에 참석했다가 처음 알게 된, 계룡산 중턱 작은 암자의 여승이 떠오른다. 훤칠한 키에 옷깃 사이로 내비치는 목선이 유난히 희고 고왔다.

“참말로 시인이라면 적어도 부처의 발가락 한 개쯤은 잡은 자여야 한다.”는데, 내 시선은 부처님 뜰 안에 들어서도 승복 속에 감추어진 관능을 분주히 더듬었다. 어찌 보면 내 나이 정도로 보이고 또 어찌 보면 칠십도 넘어 보이는 그 스님이 웃음을 지을 때면 불그레 홍조 띤 얼굴이 소녀처럼 청순하기까지 했다.

‘참말로 시인’도 못 되면서 그 여승의 은은한 미소에 반해서 몇 번 그 암자를 찾은 일이 있다. 대개 고종사촌남매나 자매들과의 동행이었는데, 길이 험하고 그곳 경치가 좋기도 해서 장작불로 데워진 뜨끈한 별채에서 자고 오는 경우가 많았다. 여승과 밤이 이슥토록 이불 속에 발을 맞대고 이야기를 나누노라면 창문 밖에서 부엉이도 우이우이 맞장구를 쳤다. 스님에게서 불법을 들어야 옳겠지만, 우리가 부부의 문제나 자식 키우는 이야기 등 세속의 고민을 털어 놓고, 스님은 들어주시는 편이었다. 이야기에 젖다보면 눈물을 찍어내기도 했는데 스님은 그런 우리의 마음을 다독여 주시며 마치 쓰레기를 받아내는 쓰레기통처럼 묵은 감정의 찌꺼기를 받아내어 주었다. 그렇게 밤을 지내고 난 다음 날이면 잠을 깨우는 산새 소리가 더욱 청아하게 들렸다.

그곳에서 노래하던 새소리를 이 작은 꽃망울을 통해서 듣는다. 꽃망울은 이제 열 달 내내 울고 웃는 내 옆에서 법문으로 피어날 것이다. 그러자면 지지 말고 수시로 새 꽃잎을 피워 올려야 할 텐데 암술 수술은 또 언제 올리려나. 씨앗을 맺어 종족을 보전하는 본능마저 접어야 하는 꽃, 그러기에 꽃을 보며 여승을 떠올렸나보다.

몇 점 붉은 빛이, 주위를 밝히고 온기를 더하는 일은 차고 넘치는 것을 나눠 주는 것이 아니라 가혹하리만치 자신을 희생한 대가라는 것을 가르친다. 생각이 여기에 이르니 숙연해지는데, 한편으론 활짝 핀 꽃을 보고 싶어 조바심이 난다.

내 고향
도장골

고향은 어머니이자 아버지입니다. 뜨거운 이마를 찬 샘물로 식혀 주시던 부모님은 하늘로 가시고, 물장구치던 너레방구조차 굴착기로 파헤쳐져 콘크리트 아래 묻히고 말았지만, 내 마음에는 그대로 남아 때때로 그립습니다.

소나무의 미소

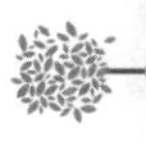

무성했던 잎들이 다 지고 나니 소나무의 자태가 고고하게 다가온다. 반지르르한 활엽수가 숲을 꾸미던 여름철에는 가칠가칠 가는 잎 소나무는 눈에 띄지도 않았다. 울긋불긋 화신이 점령한 봄 동산에서는 존재조차도 거추장스러운 나무였지. 며느리밥풀꽃을 발견한 어느 사진작가는 잠시의 망설임도 없이 주변의 소나무 가지를 마구 쳐내어 렌즈 밖으로 몰아내기도 했으니까. 그런데 한겨울 이곳 봉곡사 초입의 소나무 숲에 드니 감탄사가 절로 터진다. 꽃 피우던 모든 것들은 서릿바람에 나뭇잎마저 다 잃은 채 사색의 앙상한 가지로 떨고 있는데, 소나무는 여름의 모습, 봄의 자태 그대로 의연히 푸르다.

여기 소나무는 여느 소나무와는 조금 다르다. 군락을 이루고 있지만, 곧게 자라지 못하고 한결같이 구부러졌으며 커다란 흉터까지 지니고 있다. 일제강점기에 오랜 전쟁으로 군수품이 모자라던 일본이 연료를 조달하기 위해 소나무의 아랫동아리를 브이 자로 도끼질해 놓고는 상처에서 흐르는 송진을 채취해 간 흔적이라고 한다. 너무나 아파서 몸부림쳤는지 몸뚱어리가 뒤틀리고 휘어졌다. 상처가 심해서 수술을 받은 모양인데, 그 흔적이 웃는 입 모양으로 남아 있어 아이러니하다.

소나무를 사람이라 친다면 나를 키운 어머니일 것이다. 어릴 적, 물오른 송기는 나른한 이른 봄의 허기를 달래 주었고, 제삿날 입 안에서 사르르 녹던 송화다식도 소나무의 헌신으로 얻은 희생의 결과물이었다. 어찌어찌 맺은 솔방울은 교실 난로 속으로 들어가 우리들의 연필 쥔 언 손을 녹여주기 일쑤였다. 새로 돋은 연한 솔잎도 이런저런 먹을거리가 되고, 금빛으로 물든 잎은 그것을 익힐 때 불쏘시개요, 삭정이는 땔감으로 쓰였다. 솔가리에서 솔 삭정이로 옮겨 붙은 불꽃이 활활 타올라 이내 구들장까지 덥혀 놓은 뒤에야 소나무는 한 줌 재로 사위었다. 그래서 소나무 숲에 들면 어머니가 눈에

선하다.

어둠이 내리기 시작한 호젓한 숲길을 걷는다. 조금 전까지 옷 속으로 파고들던 칼바람은 간데없고 솔바람이 불어와 일상의 어수선함을 쓸어간다. 저만치에서 늙은 소나무가 다가온다. 도끼질의 시련을 견디어낸 소나무가 벙시레 웃는다. 지난밤 꿈속에서 애면글면 애태우던 나를, 위무해 주던 어머니를 만난 듯 반갑다. 나도 슬며시 웃어 본다.

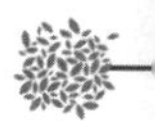

봄빛

늦잠에서 깨어 보니, 아침 햇살이 이불자락을 간질이고 있었다. 밤늦은 시각까지 TV를 켜놓은 채 어머니 생각을 하다가 그대로 잠이 들었던 모양이다.

빛을 좇아가던 눈길이 거실창 너머에 머물렀다. 겨우내 움츠리고 있던 베란다의 초목들이 햇살 아래서 생기를 발하고 있었다. 거무죽죽하던 솔잎은 한결 밝은 빛을 띠고 모과나무는 여린 잎 사이에 어린애 젖꼭지 같은 꽃망울을 감춘 것이 표시 나고, 성질 급한 영산홍은 벌써 꽃 몇 송이가 벙글었다. 그 모습들을 보니 짧은 순간 온몸을 훑고 내려가는 전율이 느껴졌다.

곧 새 학기가 시작된다. 새 학년을 맞는 학생들에게 새 느낌을 주려고 강의실 도색작업을 계획했었는데 겨우 견적만 받아놓고는 삼일절을 맞았다. 그런데 그 흐느적거리던 게으름이 봄빛에 증발하는 것 같은 새뜻함이라니……. 직접 한다면야 아직 늦지 않았을지도 모른다는 생각이 스쳤다. 객지에 나가 있는 딸의 전화번호를 눌렀다.

"페인트칠해 본 적 있다고 말했던 것 같은데……."

자문을 구하려던 참이었는데 당장 내려오겠다고 했다. 원군 얻은 장수가 된 셈이니 의욕이 한층 커졌다. 헌 옷 두 벌을 챙겨서 사무실로 나갔다. 아무래도 같은 색상으로 덧칠하는 것이 초보자의 부족함을 줄일 수 있을 것 같아 디지털카메라에 벽을 담아서 페인트 상점 종업원에게 내밀었다. 그는 모자이크 같은 색상표를 펴놓고는 내 카메라 화면을 요리 대고 조리 대보더니 드디어 어느 하나를 지목하여 그 고유 번호를 컴퓨터에 입력했다. 그리고 흰 페인트 통을 개봉하여 옆 기계에 올려놓더니 엔터키를 눌렀다. 몇 가지 물감이 자동으로 흘러들고 뚜껑을 닫아 또 한 번 스위치를 누르니 페인트 통이 빙그르르 돌아갔다. 정확히 2분이 거꾸로 가고 정말로 똑같은 색상의 페인트가 만들어졌다. 참 편리한 세상을 나는 모르고 살아왔다는 생각이 들었다. 롤러 두 개도 주문

했더니 필요할 것이라며 작은 붓까지 덤으로 주었다.

사무실로 돌아와 복도 바닥에 신문을 깔고 있을 때 원군의 경쾌한 발걸음 소리가 계단을 타고 올라왔다.

우선 복도 벽면만 칠하기로 했다. 처음 도색을 작정한 이유도 그곳이 지저분했기 때문이었다. 롤러질이 쉬울 것 같지만, 요령이 필요하고 적잖이 노동력도 요하는 작업이었다. 그러나 온갖 지저분한 것들이 롤러가 한 바퀴 굴러가고 나면 깨끗하게 지워지는 맛에 힘든 줄 몰랐다. 아이들의 손때로 얼룩진 칙칙한 벽면이 본래의 밝은 색으로 되살아났다. '영욱이 바보'라고 쓴 낙서도 말끔히 지워 버렸다. 그 글자를 썼던 아이의 영욱이에 대한 미움도, 그 글자를 본 영욱이의 치밀어 오름도 말끔히 지워지길 바라면서……. 롤러가 미치지 못하는 모퉁이는 페인트 가게 종업원이 챙겨 준 작은 붓으로 마무리했다.

작업이 진행되면서 묘한 카타르시스를 느꼈다. 밤길을 달려가 어머니의 병상을 지키다 온 탓에 녹초가 된 몸인데 오히려 생기까지 돌았다. 기계에 의지해 연명하는 어머니 생각에 어둡던 마음이 벽면을 따라 함께 밝아지는 느낌이었다.

한참 솔질하던 딸이 잠시 허리를 펴기 위해 일어났다가 내 모습을 본 모양이었다. 까르르 웃는 소리에 나도 일어나 딸의 모습을 보니 그 역시 가관이었다. 머리카락은 노란 페인트가 묻어서 서양인형의 그것과 같은데, 하필이면 코밑에 떨어진 페인트를 보니 웃음을 참을 수가 없었다. 오랜만의 박장대소였다.

그렇게 실컷 웃고 나서 구석에 떼어놓았던 거울에 얼굴을 비춰보았다. 웃고 난 얼굴이 아니라 울고 난 얼굴이었다. 웃었는데 왜 눈물이 흘렀을까? 그보다 더 모를 일은 눈물을 흘렸는데 왜 마음이 가벼워졌을까?

의학의 한계에 분노하다가, 거스를 수 없는 순리에 맞서다가 제풀에 지친 어둡던 마음도 얼마간 지워졌다. 언 땅을 뚫고 나와 비바람 맞으며 잎 틔우고 꽃 피우다가도 때가 되면 스러지고 마는 풀꽃처럼, 사람살이도 그런 것이란 생각을 우울한 마음에 덧칠했다.

황사 끝에 찾아온 봄빛이 더없이 화사하다. 몇 줄기 남은 햇살이 내 눈물 자국마저 거두어 주려는 듯 서창에서 어른거렸다.

다함없는 사랑

한살이를 다하지 못한 콩나물을 뽑는다. 미완의 삶인 줄 몰랐을까? 콩나물은 천년만년 살 것처럼 대바구니 틈새로 잔뿌리를 빼곡히 내렸다. 때맞추어 물을 줄 때는 원뿌리 하나만 있었다. 그런데 물주는 일을 게을리했더니 수염 같은 곁뿌리가 수없이 돋았다. 모자라는 수분을 보태기 위해 스스로 물을 찾아 나선 것이다. 수염 같은 하얀 뿌리는 대바구니 틈을 빠져 나와 더 아래로 향하여 뻗어 가고 있다. 뿌리 끝마다 뽀얀 뿌리털에서 강한 생명력을 엿본다.

처음에 땅에 묻히지 못하고 플라스틱 그릇에서 촉을 틔울 때 적당히 좌절했을 법도 하다. 그러나 아랑곳하지 않고 쑥

쑥 자랐다. 태양열이 아니라도 개의치 않고, 보일러가 돌아가는 실내에서 닷새 만에 콩나물이 되었다. 틈틈이 물을 주기 위해 검은 천을 벗길 때, 잠깐씩 맛보는 형광등 불빛을 받아 잎파랑이를 만들기도 했다. 부지런히 잎을 키워 열매를 맺으려고 했던 것일까? 때로 엷게나마 푸른빛이 감돌기도 했다. 그러나 이내 검은 천으로 빛을 가리므로 다시 노란 콩나물이 되었다. 그러기를 닷새, 이제 먹기 좋은 콩나물이 된 것이다. 바구니 밑바닥에 얇게 깔렸던 콩나물 콩은 바구니 높이보다 더 위로 자랐다. 악조건의 환경 때문에 조급했던 것일까. 어쨌거나 열매를 맺어야 한다는 한 가지 마음으로 서둘러 제 몸을 키웠을 것이다.

알맞게 자란 콩나물을 한 끼 먹을 양만큼씩 덜어내어 봉지에 담았다. 더 이상 자라지 못하게 냉장고에 넣을 참이다. 조금 남은 것은 한꺼번에 마저 담으려고 바구니를 엎었다. 그러나 콩나물은 야무지게 달라붙어 쏟아지지 않는다. 하는 수 없이 하나하나 손으로 뽑았다. 그래도 순순히 뽑히지 않는다. 생존을 포기하는 모습은 어디에도 없다. 콩나물보다는 열매까지 맺은 후 한살이를 마감하고 싶었겠지. 허리가 끊길 때까지 바구니를 잡고 놓지 않는다. 뽑을 수 없어 뜯어낸다. 대바구니 밖으로 자란 잔뿌리들을 보노라니 가슴이 따사로워진다. 아름답다. 비록 열매를 맺지 못하고 생을 마감하지만 한순간 망설이지도 뒤돌아보지도 않고 쑥쑥 자란 모습이 보기 좋다. 끝 모르는 우리 어머니 사랑이다.

"이제는 가야허는게벼!"

그 말끝의 긴 한숨이 내 의식을 꽉 잡는다. 한 달 넘게 병원에 계신 어머니. 진통제 없이는 한순간도 견딜 수 없으면서도 자식들 걱정만 하신다. 병 수발하는 자식들이 안쓰러운 모양이다. 생선 한 토막도 당신 입엔 과하다고 대가리만 차지하던 어머니이다. 당신 삶이 아쉬운 것이 아니라 변변치 못한 자식들 걱정으로 눈을 감을 수 없으신 게다.

생각이 거기에 미치자 보얗게 돋은 잔뿌리를 잡은 손에 힘이 빠지고 가슴이 먹먹하다.

흉터

문상객의 발길이 뜸해지고 애끓는 곡소리도 멈춘 늦은 밤, 소복 차림의 언니와 여동생 셋이 적막한 빈소를 지키고 있다. 내 앞에 앉아 턱을 괸 넷째의 손가락에 희미한 흉터가 아른거린다. 안쓰러운 마음에 살며시 잡으니

"언니, 생각나우?"

하며 셋째 앞에 그 손가락을 펼친다.

"서울 있던 셋째 언니가 분홍색 원피스를 사오겠다던 편지 속의 그날, 아침부터 고갯마루만 쳐다보다가 설렘을 가눌 수 없어 사기장고개까지 마중을 가려 했었잖우. 그런데 어머니께서 소여물을 마련할 테니 옆에서 잔심부름이나 하라시잖

아. 애가 타는데 어머니는 작두질할 생각은 않고 다른 일만 하시더라구. 급한 마음에 내 친구 복희 있지? 그애에게 부탁하여 어머니 몰래 건초를 썰어놓고 언니 마중을 가려고 했어. 시퍼런 작두날이 섬뜩하여 여물간 근처엔 얼씬도 못했었는데 감히 작두질을 흉내내었던 거야. 분홍색 원피스 때문이었어. 아니나 다를까. 친구는 건초와 함께 내 손가락을 작두질한 거야. 병원에 갔더니 잘못하다가 손목까지 잃게 될지 모르니 손가락 세 개를 포기하자고 했어. 그러나 아버지께서는 단호히 손가락을 싼 흰 보자기를 의사 앞에 펼쳐 놓으셨지."

하며 마치 남의 일 말하듯 한다. 그 손가락이 가지런히 붙어서 지금 넷째의 흐르는 눈물을 훔치고 있다.

넷째의 얘기 끝에 셋째가 소복 소매를 걷어 올리더니 팔꿈치를 내놓는다. 뽀얀 살결에 꽤 큰 흉터가 눈에 띈다.

그때 서울살이가 쉽지 않았단다. 어느 날, 화장실 가는 길에 눈앞이 흐릿하더니 그대로 쓰러졌다. 별로 아픈 줄도 몰랐는데 상처가 나서 오랫동안 고생을 했었다며 쓱 문지르고는 다시 옷소매로 덮는다.

이번에는 언니가 치맛단을 풀더니 소복보다 더 눈부신 속살을 내놓는다. 아른아른한 흉터다. 곧이어 그려지는 흑백 영상. 여섯 살이었던 언니는 어머니가 밥 안쳐놓고 마당에서

도리깨질하실 때, 부엌으로 들어가 부지깽이로 아궁이를 쑤시며 불장난을 했다. 성이 난 불길은 새로 지어 곱게 차려입은 옥양목 치맛자락을 타고 올랐다. 화들짝 놀란 언니는 비명을 질렀고, 그 소리에 도리깨를 집어던지고 뛰어 들어간 어머니께서 언니를 치마폭으로 싸안고 부엌바닥에 뒹굴어 불길을 재웠다.

불길에 휩싸인 어린 딸을 안고 뒹굴 때, 어머니 마음은 어떠했을까? 영정의 어머니를 올려다보니 표정 없이 허공만 바라보신다.

풀었던 치맛단을 추스르며

"어디 보자. 맏이 몸에 흉터가 생기면 동생들도 따라서 그렇게 된다고 어머니께서 걱정하셨는데……."

하며 언니가 막내를 훑어본다.

"초등학교 2학년 땐가, 림프선 근처에 탈이 났는데 말이야. 다른 집 애들은 그럴 때 잉크를 바르든지, 아니면 이명래고약이나 붙이고 말았지. 근데 나는요, 읍내 이공희의원에 가서 수술을 받았잖우. 생살을 찢고 심지를 박는데 어찌나 아프던지, 아예 목을 따는 줄 알았어요."

언니의 말에 장단을 맞추는 막내의 익살스런 흉터 이야기 덕분에 잠시 눈물을 거둘 수 있었다.

나에게도 흉터가 있다. 지금도 그렇지만 난 칠칠치 못한 아이였다. 늘 부딪히고 넘어지고 돌부리에 걸리고…….

일곱 살 때이다. 읍내 장 구경을 갔다. 원숭이 재롱에 한눈을 팔던 나는 마주 오는 차를 피한다는 것이 그만 뒤에 오던 차에 받혀 나가떨어졌다. 정지거리 안에 떨어진 나는 다리 한쪽이 차바퀴 밑에 깔리고 말았다. '애 죽었다.'라는 아우성이 어렴풋하고 나를 안고 뛰는 아버지의 쿵쾅거리는 심장 소리가 간간이 들리던 그날이 지금껏 내 다리에 흉터로 머물러 있다.

그뿐이랴. 왼손 장지에도 선명한 흉터가 있다. 어머니 몰래 총각이던 남편과 만나기로 한 날, 눈치를 채셨는지 어머니께서 텃밭 배추를 뽑아다 겉절이를 하라 이르고는 들로 나가셨다. 급한 마음에 서둘러 배추를 뽑아서 다듬었다. 그러나 마음은 이미 콩밭에 가 있으니 그렇지 않아도 서툰 칼질이 제대로 될 리 있겠는가. 한순간 따끔하더니 선혈이 배추 잎사귀로 주르륵 흘러내렸다.

내 이야기를 듣던 동생들이 둘째 형부 이리 와 보시라며 남편을 불러댄다. 그러나 그는 언제 그런 일이 있었느냐는 듯 태연하게 상복을 정리하고 있다.

그렇게 서로의 흉터에 얽힌 이야기를 떠올리며 빈소를 지

킨다. 상처의 흔적인 흉터, 날씨가 끄물거리는 날엔 근질거리고 매서운 칼바람이 부는 날에는 저릿함 속에서 말을 걸어오기도 하는, 이제는 살갑기만 한 흉터들. 생살이 찢길 때는 견디기 어려웠지만 아물어 흉터가 되면 이렇게 추억이 된다.

어머니를 떠나보내야 하는 견딜 수 없는 이 안타까움도 언젠가는 아물어 한 점 흉터로 남으리라. 그것 또한 내 살아가는 길에 스승이 되고 벗이 되리라 자위하며 영정을 올려다보니, 당신께서 고개를 끄덕이시는 것만 같다.

노루귀

나뭇가지마다 연초록 속잎이 눈을 뜬다. 이맘때쯤이면 고향 뒷산 양달에는 노루귀가 피어오를 것이다. 털이 부얼부얼한 속에서 배시시 웃어보이던 꽃이다. 북풍받이 바위틈에서 겨울을 나자면 그렇게 털로 싸야 견딜 것이다. 솜털이 보송보송한 잎이 노루처럼 귀를 쫑긋이 세우고 핀다고 해서 노루귀꽃이라는 이름을 얻었을 것이다.

노루귀꽃을 처음 알게 된 것은 어른이 된 후 책에서였다. 어릴 적 산골 마을에서는 4월이나 되어야 봄을 느낄 수 있었다. 그래서 춘삼월이 다 가도록 화롯가에서 지냈다. 문풍지 바람이 부드러워졌다 싶으면 그때서야 종다래끼를 차고 나물을 찾아 밖으로 나갔다. 그래서 겨울이 다 가기도 전에 피었다가 지는 부지런한 꽃을 추위를 타는 나는 볼 수 없었다.

노루귀는 이맘때 꽃대를 올린다. 산골짝 잔설을 헤치고 오롯이 고개를 내밀거나 서걱거리는 가랑잎을 뚫고 꽃대부터 올린다. 잎까지 거느리고는 추위를 견딜 수 없을 것이다. 몸피가 크면 큰 만큼 더 많은 찬바람과 맞서야 하기 때문이다. 몸속에 단단한 나뭇고갱이를 만들지도 않는다. 그래서 맵찬 바람이 짓밟고 지나가도 부러지지 않고 다시 일어설 수 있다. 작고 여린 몸으로 모든 생명이 잠자고 있을 때 깨어나 찬바람과 맞서는 그것은 선구자요 철인이다.

올겨울은 유난히 더디고도 마디게 지나갔다. 며칠 전까지 폭설이 내려 내 고향 산골 마을을 고립시키기도 했다. 그런 눈 속에서 우리 아이는 휴전선을 앞에 두고 겨울을 났다. 나 또한 초소에서 칼바람을 견뎌야 할 아들을 생각하며 부질없이 떨었다. 가축 전염병도 극성이어서 구제역으로 온 나라가 곤혹을 치르고, 아직도 마무리가 덜 된 상태이다. 삶의 무게와 곤혹이 몸으로 가슴으로 느껴지는, 참으로 지내기 힘든 겨울이었다. 그래서 그 꽃이 더 그리운지도 모른다.

이제 봄이다. 춥다 해도 봄볕은 봄볕이다. 겨우내 내 가슴

속에서 움츠리고 지냈던 노루귀꽃 봉오리가 밖으로 나와 볕발 아래에서 벙글 것만 같다. 배시시 웃는 얼굴에서 봄 햇살이 가득 피어날 것이다. 돌아오는 주말에는 무리해서라도 틈을 내어 어머니의 유택을 찾아가 뵈어야겠다. 길가 바위 틈에 피어 있을 꽃망울을 들여다보면 꽃과 함께 겨울을 지낸 어머니의 속삭임이 들릴 것이다. 살아서도 겨울이 춥더니 여기 겨울도 그에 못지않다고. 나 또한 어머니께 전해드리라고 꽃에게 말하리라. 내 아이도 나도 나의 이웃도 모두가 함께 추운 겨울을 지냈다고. 이제는 봄이니 활짝 웃어보자고 노루귀를 쓰다듬으면서 기도하는 마음으로 속삭이리라.

3월이다. 노루귀꽃은 피어야 하고 어김없이 피었을 것이다. 어둠이 짙을수록 스며들어오는 빛은 밝은 법, 올봄에 맞이할 그 꽃은 얼마나 더 고울까?

인간 징검다리

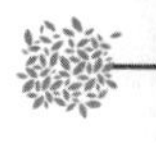

고향 친구 몇 명과 함께 도봉산에 올랐다. 개나리는 길가에서 금초롱으로 마음을 밝혀 주고, 진달래는 산자락을 타고 번지면서 가슴에다 불을 질렀다.

너나없이 시간에 쫓겨 운동할 여유가 없었던 우리는 초입부터 헐떡거리기 시작했다. 신선대 좁은 바윗길에 이르자 도란도란 개울물 조잘대듯 하던 우리들의 이야기도 목구멍 아래에서 잦아들고 대신 가쁜 숨만 헉헉 토해냈다. 누구보다도 인숙이라는 친구가 딱해 보였다.

앞에 가던 친구들이 잠시 쉬어가자며 평상 같은 반석에 앉아서 뒤처진 인숙이를 기다려 주었다. 넘어진 김에 쉬어간다고 마침 출출하던 참이라 아예 자리를 펴고 준비해간 도시락들을 꺼냈다. 풋고추를 구수한 막장에 찍고 호박잎에 밥을 쌌다. 애기상추겉절이는 주먹만 한 밥숟갈에 얹어서 입에 밀어 넣으니 밥맛이 꿀맛이었다. 고향 떠난 지 수십 년이 지났지만 입맛도 우정처럼 그대로였다.

밥을 먹고 나서 인숙이가 새로 산 최신형 전화기를 꺼내서 자랑했다. 우리는 이마를 맞대고 손바닥만 한 전화기를 구경하며 화면이 바뀔 때마다 감탄사를 연발했다. 그렇게 먹고 놀다 보니 온몸이 나른해지고 눈앞의 정상은 아득하기만 했다. 그만 돌아가자는 누군가의 말에 기다렸다는 듯이 발길을 돌렸다. 삼십여 분이나 지났을까. 자일에 의지해서 한 발 한 발 내려오는데 인숙이가 밥 먹던 자리에 전화기를 놓고 온 것 같다고 했다. 이미 체력이 바닥나 후들거리는 다리를 가누면서 겨우 내려가던 발걸음을 되돌려서 올라가야 했다. 우선 전화기를 꺼내서 인숙이의 전화번호를 눌러보았지만, 전파장애로 발신음마저 들리지 않았다. 인숙이는 지친 다리를 이끌고 내려오던 길을 되짚어 올라갔다. 이러지도 저러지도 못하고 산 위를 바라만 보던 나는 문득 배낭 속에 쑤셔 넣었던 쓰레기 봉지 생각이 났다. 그걸 꺼내 거꾸로 들고 흔들었다. 쓰레기와 함께 툭 떨어지는 것은 전화기였다. 그러나 인숙이는 벌써 산모롱이를 돌아간 터라 보이지 않았다. 우리는 손나발을 하고 목소리를 합쳐서 외쳐보았다.

"인숙아, 전화기 찾았어!"

생면부지의 타인이든 지우든 사람의 소리는 사람 사이를 이어주는 밧줄이다. 우리의 소리는 하산하는 사람들의 입에서 입으로 징검징검 건너뛰어서 까마득한 절벽 위로 올라갔다. 얼마 뒤에 저쪽에서 돌아오는 소리.

"알았어, 인숙이 내려갈게!"

역시 하산하는 사람들의 입에서 입으로 건너뛰어 오는 소리였다. 소리의 흔적이라도 다시 보고 싶어 고개를 드니 바위 절벽까지 이어진 산악인 행렬이 대하를 건네주는 징검다리처럼 줄지어 있었다. 나 또한 그 징검다리에 놓여 있는 작은 돌이라는 생각이 들었다.

가면 안의 만남

"천안을 구경하고 싶은데, 어디가 좋아?"

전쟁 같은 한 주를 지내고 이불 속에서 달콤한 휴식을 음미하는데, 문자메시지가 왔다. 책상 가운데 금을 그어 놓고 한자리에 앉아 공부하던 초등학교 동기가 보낸 것이다. 그때는 그랬지만 '고향까마귀' 아닌가.

"와서 전화해."

답장을 보내고는 선잠이 아쉬워서 홑이불을 끌어 당겼지만 한번 달아난 잠은 다시 오지 않았다. 이불 속에서 텔레비전 리모컨을 눌러대고 있는데, 이번에는 우리 아파트 앞이라는 전화였다.

내가 사는 지방에서 근무하게 되었다는 소식은 들었지만, 그렇게 금방 도착할 줄은 몰랐다. 거울 볼 새도 없이 손가락 빗질로 흐트러진 머리카락을 훑고는 주차장으로 내려갔다. 평소의 외출과는 다른 모습이었다.

나는 외출하려면 우선 욕실부터 들어간다. 화장을 잘하기 위한 준비과정이다. 세정을 마치면 기초화장품으로 피부 결을 정리하고 파운데이션으로 얼굴을 뽀얗게 다독거린다. 잡티는 컨실러를 덧발라 감춘다. 그러고는 파우더로 마무리해 번들거림을 없앤다. 화장한 사실까지 감추고 싶어서이다. 아이펜슬로 숱이 적어진 눈썹도 가꾸어야 한다. 서두르거나 기분이 좋지 않은 날은 정교한 이 과정에서 실수가 잦다. 그럴 때는 다시 세안을 하고 고쳐 그린다. 위아래 눈까풀을 들어 올려서 숱이 적은 속눈썹을 보완한다. 여자의 매력은 서늘한 눈 그늘이다. 세 가지 색의 아이섀도로 눈까풀에 음영을 준다. 입술을 너무 짙게 칠해서는 안 된다. 변장이 드러나기 때문이다. 얼굴 채색만으로 만족할 수는 없다. 요즘 미인의 거푸집이라고 하는 '브이라인'을 살려야 한다. 볼 터치용 솔로 각진 턱을 숨기고 머리카락을 말아서 적당히 죽이고 살리면 얼굴이 갸름하게 보인다. 그런 가면을 쓰지 않으면 남 앞에서 위축되고 부끄

럽기까지 하다.

그런데 그날만은 그 가면을 벗어던지고 고양이 세수한 얼굴로 친구를 맞이했다. 녀석 또한 행색을 보니 위장한 차림새가 아니었다. 일자리를 옮겨서 적응하기 힘들어서인지 가뭄에 바랭이 시들듯 후줄근해 보이는 것이었다.

"화장으로 니가 나를 속일 수 있냐?"

촌것 만나는데 촌티 내야겠다 싶어 화장도 안 하고 나왔다는 내 말에 녀석의 응대가 그랬다. 어렸을 때 언니가 이 빠진 가위로 잘라 준 내 바가지머리 모습을 기억하고 있는지도 모른다. 녀석의 말대로 화장이라는 것은 내 안에 잠재해 있는 열등의식이나 어두운 면을 감추기 위한 위장술이다. 서열 다툼으로 규격화한 트랙을 달리자면 그럴 수밖에 없다.

"촌놈은 촌것이 좋지?"

둘의 차림새에 맞게 고향 같은 외암리 민속마을로 안내했다. 마을에 들어서자 작달막한 채송화가 돌담 밑에서 우리를 웃음으로 맞아 주었다. 고향 집 마당에 들어선 느낌이었다. 우리 집 바깥마당 가엔 채송화 말고도 일 년에 열두 번이나 핀다는 '열두번꽃'이 여름내 피었다. 그 옆을 흐르는 도랑물에 제 모습을 비추고는 세수를 하거나 걸레를 빠는 나에게 미소를 건네기도 했다. 지워도 흩뜨려도 환하게 웃어 주던 붉은 꽃. 상환이네 무너진 돌담은 키 큰 달리아가 대신했고, 옆집 이모네 마당귀에는 과꽃이 해마다 무성했다. 먹을거리가 부족하던 시절이니 자투리땅에라도 곡식이나 푸성귀를 심어 먹을 일이지만, 고향 사람들은 꽃 심을 자리를 마련하는데 인색하지 않았다. 초여름 비가 와서 들에 나갈 수 없는 날은 너나없이 꽃밭을 가꾸었다. 비를 맞으며 이웃집에 꽃모를 돌리던 어머니의 모습은 아직 내 마음의 꽃밭에 아슴푸레 남아있다.

돌담을 따라 한참 걷다 보니 다리가 아프고 목이 컬컬해졌다. 마침 "식혜 천 원"이라고 써 붙인 초가집이 있어 사립문으로 들어서니 반질반질한 평상만이 마당에서 손님을 맞이했다. 털썩 주저앉아 식혜 두 병을 시켜놓고 구두를 벗어 던지자 구두 속에서 움츠리고 있던 내 발가락들이 제 모습으로 돌아왔다.

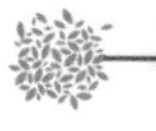

"히야아!"

병나발을 불고 나서 트림을 하며 친구 입에서 나오는 탄성이었다. 헤벌레 웃는 그 모습이 어렸을 적에 다람쥐 쫓던 개구쟁이 그대로였다. 가면을 벗으면 이렇게 정이 가는 사람들인데 그동안에 끈을 놓고 살았던가 보다.

그러나 우리의 본래 모습은 잠시였다. 그의 주머니에서

요란하게 울리는 휴대전화 벨 소리가 전설 같은 우리의 영토를 침범한 것이다. 본사의 높은 사람이 호출했던지 녀석은 연신 허리를 굽신거리며 전화를 받더니 손으로 입가에 붙은 밥풀을 훔쳐내고는 사립문을 나섰다. 나 또한 고향 뒷동산을 거닐던 꿈에서 깨어난 듯 뒤따라 나설 수밖에 없었다.

내 소리

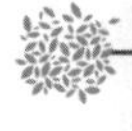

요즘 횡재한 기분이다. 복권이 당첨되면 이런 느낌일까? 동창회에 나가게 되면서 옛정에 취해 구름 위를 걷는 느낌으로 산다.

그곳에 가면 말투부터 달라진다. 월악산 부드러운 능선처럼 가락 고운 내 고향 사투리에다 때로는 비어가 섞이지만, 정겹기만 하다. 호칭도 가벼워진다. 책임감에 짓눌리는 '원장님', 앞치마가 눈앞을 가리는 '○○ 엄마' 따윈 없다. '용순아' 아니면 '용가리', '댕가리' 또는 '꼴방'이다. 인위의 옷을 훌훌 벗어 던진다.

이번에는 체육대회라고 했다. 64 · 70 체육대회라고 64년에 초등학교 입학하여 70년에 졸업한 제천의 모든 동창이 출신학교별 팀워크를 겨루는 대회이다.

며칠 전부터 우리 팀 총무는 소식지에 문자 메시지에 시도 때도 없이 전화까지 해대며 가슴을 달구었다. 속도위반하며 내달려도 두 시간이 넘게 걸리는 그 거리를 늦지 않게 가자면 새벽잠은 고스란히 포기해야 한다.

전날 밤, 다섯 시에 알람을 맞춰놓고 늦은 하루를 접었다. 그러나 눈떠보니 다섯 시 사십 분. 쿠당탕 떨그럭, 주방에서 난리를 치며 식사 준비를 끝냈다. 그리고 화장시간을 줄여 겨우 이십 분을 에꼈다. 예정했던 일곱 시가 지나서야 자동차 시동을 걸 수 있었다.

룰루랄라 신이 났다. 새로 난 고향 길은 뻥 뚫렸고, 진초록 능선의 마루터기 위로 새파란 하늘에 솜사탕이 함께 갔다.

두어 시간 달려 샛길로 접어들었다. 진소천에서 벌초하는 동창 보라를 데리고 오라는 총무의 명령 때문이었다. 일단 백운면 소재지로 들어가서 가겟집 아주머니에게 캔커피를 주문하며 진소 가는 길을 물었다. "아, 그 박하사탕 촬영지유?" 하며 냇가 쪽을 가리켰다. 돌돌돌 개울을 옆에 끼고 코스모스의 손짓을 받으며 달리는 굽은 길은 마음마저 유년의 마을로 안내했다. 좀 더 달리자 인가는 없어지고 길가에서 하느작대던 코스모스도 보이지 않았다. 대신 황순원의 단편 〈소나기〉에서 소녀와 소년의 마음을 이어 주던 마타리가 지천으로 피어 있었다. 노란 마타리 샛길을 달리니 소설 속 소녀라도 된 양 소년의 심장 뛰는 소리가 느껴지는 듯했다.

배우 설경구가 "나 다시 돌아갈래!"라고 절규하던 철둑 옆에서 날 기다리던 보라가, 험한 길을 오게 해서 미안하다고 했지만, 오히려 그 길을 달릴 기회를 주어 고맙다는 생각이 들었다.

운동장 분위기는 일 년 만에 다시 만난 정겨움, 상금을 향한 승리욕, 흥겨운 익살과 웃음 등으로 들떠있었다. 가운데선 경기하고 가에선 경기보다 더 뜨겁게 응원하고, 또 다른 한쪽에선 삼삼오오 정담이 오가고, 노랫소리에 신바람이 났다. 머리에 앞치마를 두르고 흥을 돋우는 여인이 있어 도대체 누구냐고 물었다. 누군가 오흥분이라고 하니 다른 동창이 오흥녀라고 정정했다. 또 다른 녀석은 오가즘일 거야, 해서 폭소가 터졌다. 나중에 들으니 오흥자라는 친구란다. 변변한 장난감 하나 없이 자란 우리는 그렇게 이름 석 자만으로도 잘 논다. 운동장 가운데에선 한 녀석이 무릎을 꿇고 두 손을 번쩍 올려 벌서고 있었다. 단체 줄넘기에서 시작하자마자 발에 줄이 걸려 팀을 예선 탈락시킨 현직 시장이었다.

시간은 일방적으로 부여한 수치일 뿐이라더니 과연 처음 운동장에 들어서던 그 느낌, 그 상태 그대로 머물러 있는데, 해가 서산으로 기울어 약속한 아홉 시 사십 분이 다가오고 있었다. 떠나올 때 내뱉은

"늦어도 아홉 시 사십 분까진 돌아온다구!"

라는 말을 다시 주워 담고 싶은 심정이었다.

모든 경기가 끝나고 다시 운동장에 정렬했다. 우리 팀이 종합 우승하여 회장이 나가서 두둑한 상금을 받았다. 이제는 팀별로 흩어져서 남은 흥을 달랠 시간, 그러나 나는 총무가 일러준 장소와 상관없이 핸들을 돌려야 했다. 바로 출발해야 아들을 과외 선생에게 데려다 줄 시간에 댈 수 있기 때문이었다.

한참 달리다 보니 내비게이션에서 경로이탈을 알리는 요란한 소리가 띵똥띵똥 울렸다. 무의식적으로 고향 집 가는 산길로 접어든 것이었다. 그대로 달렸다. 멀리 이내가 포근히 감싼 고향 집이 보이니 들떠 있던 마음이 차분히 내려앉았다. 한달음에 달려가니 절룩거리며 반겨 줄 어머니는 가뭇없고 남동생이 머쓱하게 웃으며 반겼다. 얼굴만 보고 헤어지려니 등 뒤를 따라오는 녀석의 눈길이 발을 묶었다. 그러구러 한참 지체했다.

아무리 달려도 아홉 시 사십 분에는 도착할 수가 없을 것 같았다. 행여 하는 마음으로 평소 다니던 길을 놔두고 돌아서 고속도로로 진입했다. 다시 국도로 나와 보니 과연 십여 분은 단축한 것 같았다.

드디어 천안 입구, 약속한 시각에 가까스로 댈 수 있을 것 같았다. 마침 정지 신호라 차창을 열었다. 옥죄던 조급함을 긴 날숨에 섞어 날려 보냈다. 캄캄한 들판에서 풀벌레 소리가 쏟아져 들어왔다. 치르륵치르륵, 리이이이, 또르르르……. 저마다의 소리로 치열하게 존재를 알리고 있었다. 음색은 달라도 혼을 다해 몸을 떨어서 내는 소리였다.

내 소리는 어떤 음색일까. 하루하루 메모지에 적힌 일과를 지워 가며 살아내면서도 가끔 그렇게 일탈로 숨통을 트는 나는 어떤 소리를 내고 있는 것일까. 이제는 시끄럽지도 너무 낮지도 않은 가락으로 어떤 소리와도 화음을 이룰 수 있는 노래를 부르고 싶다.

너레방구 이야기

유월 햇살이 속살거린다.

"나와, 떠나잔 말이야. 산 밑을 휘돌아 흐르는 도랑물에 발을 담가 봐. 발가락을 간질이던 물살은 이내 송사리 떼를 몰고 와 장난질을 할 거라고."

나는 무언의 유혹을 기꺼이 받아들여 평소 허물없이 지내는 이웃을 불러 떠날 채비를 했다. 아이들도 덩달아 즐거워서 괜히 저희끼리 툭 치고는 앞서거니 뒤서거니 달음박질이다.

삼겹살 몇 점 구우면 출출할 때 그만일 것이리라. 정육점으로 갔다. 문을 열자 안주인이 기다리고 있었다는 듯 반긴다. 그런데 고기 팔 생각은 뒤로한 채 새 친구 자랑에 침이 마른다. 참 좋은 사람이란다. 눈매가 고운 미인이란다. 매일 수영장에서 만나는데 수영으로 다져진 몸매가 그만이란다. 그런데 그 사람이 나를 잘 안단다. 누굴까?

궁금증으로 답답한 내 마음은 아랑곳하지 않고 말끝은 가지에 가지를 친다. 그 친구 고향에 '너레방구'라는 물웅덩이가 있었는데 그곳이 그리워 수영장에 다니기 시작했단다.

머리에 번개가 스쳐간 느낌이었다. 그렇다, 너레방구! 그 애였다. 얼마 전 고향 갔을 때 누군가 내가 사는 고장으로 이사하게 되었다는 얘기를 들은 생각이 났다. 곧 이어 세월의 먼지에 묻혀 잊고 있었던 추억 속의 공간이 펼쳐졌다.

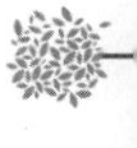

누군들 추억이 아련하지 않을까만 나는 특히 지난 일을 떠올리면 그지없이 행복하다. 지금 사는 꼴이 변변치 못해서 그런가 보다.

내가 어린 시절을 보낸 곳은 첩첩산중 산골마을이다. 앞을 보아도 산이 가로막고 뒤를 보아도 산이 버티고 있다. 하늘만 빠끔한 곳인데, 우리 집 뒤 가파른 산자락을 타고 꼬불꼬불 난 좁은 산길이 바깥세상으로 통하는 유일한 통로였다. 어떤 이는 그 길의 존재를 무시한 채 그냥 그 곳에서 살다가 그 곳에 묻히는 이도 있었다. 아마도 그 길을 가장 많이 밟은 사람이 나였으리라. 그곳에서 고등학교까지 다녔으니 말이다. 지금도 세파에 휘둘려 힘에 겨울 때는 문득 달려가 그 길을 걷는다. 지금은 새로 난 큰 길이 있어 산짐승 외에는 그 길은 이용하지 않아 길 구실도 못하는 그곳을 걷노라면 지줄거리는 산새 소리, 환하게 웃는 산꽃들이 나를 반긴다.

그렇게 산과 더불어 살았기 때문에 바다는 동경의 대상이었다. 음식 또한 향기로운 산나물을 제치고 간고등어나 새우젓 따위의 갯것이 웃어른의 밥상에 먼저 올랐다.

바다에 비할 바는 못 되지만 물이 있긴 있었다. 마을 앞 산자락을 휘돌아 내려간 실개울은 다른 산을 돌아 나온 물줄기와 동네 어귀에서 만난다. 제법 깊어진 개울은 급한 물살로 산에서 내려가다가 '너레방구'에 이른다. 그곳은 커다란 너럭바위로 이루어졌는데 우리들은 너레방구라 불렀다. 그곳 한가운데를 내리꽂는 작은 폭포는 바위를 깎아 커다란 웅덩이를 만들어 놓고 아래로 내닫는다.

우리들은 틈만 나면 그 곳으로 내달았다. 여름날 웅덩이는 여남은 명이 들어앉을 수 있는 천연 욕조였다. 웅덩이 틈 갈라진 곳에는 송사리 떼가 숨어살았다. 아이들이 풍덩풍덩 뛰어들면 유영하던 송사리 떼는 재빨리 바위 틈에 숨어 웅덩이를 내어주지만 한참 놀다보면 어느새 한 마리 두 마리 나와서 헤엄도 치고 우리들의 그을린 맨살을 톡톡 건드리며 장난질을 치기도 했다. 요즘 사람들처럼 낚시질을 하거나 투망을 던져 그것들을 잡아 고추장 풀어 끓일 생각을 하는 아이는 아무도 없었다. 다만 같이 놀아야 할 친구쯤으로 여겼다.

너레방구 주변에는 먹을 것도 많았다. 손가락 굵기로 튼실하게 올라오는 새큼한 시앙대나 달큰한 찔레순도 허기를 달랠 수 있었고, 잘 익어 붉다 못해 가무스름한 멍석딸기는 하나만 따 물어도 입 안에 단물이 그득 찰 정도로 푸짐했다. 물이 허리까지 차올라 좀 겁나긴 해도 개울을 가로질러 바위산을 기어오르면 물앵두가 엄청 많았다. 가느다란 가지에 주렁주렁 매달린 붉은 물앵두가 너무도 고와 얼른 손대지 못하고 입만 벌리고 있던 기억도 있다.

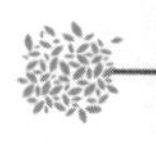

아랫도리만 가린 채 하루 종일 멱을 감다가 해거름에 잠깐 집에 들러 풋옥수수나 밀개떡쯤으로 저녁을 대신하고는 다시 그 곳으로 몰려들었다. 밤에는 여자 남자 가려서 따로 놀았다. 어슴푸레 달빛 아래서 비누질을 할 때면 까무잡잡한 몸뚱이는 보이지 않고 낮에 가렸던 아랫도리만 햇볕에 그을리지 않아 뽀얗게 빛났다. 그래서 벗어도 입은 것 같아 마주보며 낄낄대다가 차가운 개울물이 몸을 식혀 한기가 들라치면 너럭바위에 나란히 누웠다. 한낮 태양의 열기로 달구어진 바위는 밤늦도록 따끈따끈하여 한기를 달래주었다. 그렇게 별빛 속에서 놀다가 밤이 이슥해서야 집으로 돌아가곤 했다.

그러던 어느 날인가, 사내아이들이 우리들을 몰래 엿보고 있었나보다. 느닷없이 쑥 뽑힌 벼포기가 웅덩이 안으로 날아들었다. 뿌리에 엉겨 붙었던 시커먼 논흙이 금세 물을 흐리고 그 안에 있던 계집아이들은 혼비백산 콩 튀듯 흩어졌다. 잠시 후 사태는 수습되고 떠꺼머리를 잡혀 끌려온 사내아이는 큰언니에게 혼쭐이 나고서야 풀려났다.

생각이 거기에 미치자 나도 모르게 웃음이 나와 벌어지는 입을 애써 다물며 일행에게 다가가 삼겹살 봉지를 내미니 왜 이리 늦었냐고 채근하며 나를 추억 속의 공간에서 불러낸다.

내 마음의 뜨락

뭇사람들이 섬을 노래한다. 그런데 나는 섬이 낯설기만 하다. 깊이를 알 수 없는 시퍼런 바다, 휘몰아치는 성난 파도, 그악스럽게 우짖는 갈매기 떼 등과 함께 연상되는 섬은 두렵기까지 하다. 산골에서 자란 탓이리라.

그래서 양지바른 산자락 두어 마지기쯤 가슴속에 품고 산다. 그곳에다 무시로 집을 짓고, 헐기도 한다. 형편이 좀 나을 때는 사진에서 본 통나무 기둥을 세우고, 그렇지 못할 때는 빈농가를 빌려 봉당을 맥질한다. 텃밭에는 항상 푸성귀가 싱그럽고 울 밑엔 작은 꽃 몇 송이가 수줍게 웃는다.

그토록 산골 티를 못 벗는 처지이기에 뜨락에 피우는 꽃 또한 산에 피는 꽃이다. 온실에서 시도 때도 없이, 태깔이 성형되어 피는 꽃보다 저절로 피어 제 빛을 간직한 야생화가 얼마나 자연스러운가.

며칠 전, 덕유산을 오르며 만난 꽃들은 그런 꽃이었다. 특히 산수국은 진한 향수를 안겨주었다. 우리 고향에서는 유월에 본 것 같은데 해발 천육백여 고지인 그곳 서늘한 유곡에서는 지금이 제철인 모양이었다. 달력이 넘어가거나 말거나, 보아주는 이 있거나 말거나 산자락을 파랗게 물들여 놓았다. 아무때나 피듯이 꽃차례 또한 자유로운 꽃, 자세히 보니 가지 끝에 꽃받침이 서너 장이거나 너덧 장으로 둥글게 피고 가운데 자잘한 꽃이 자리했다. 꽃이거나 말거나 고운 빛을 내는 꽃받침이 마치 가꾸지 않은 시골 아이들의 머루눈망울처럼 예뻤다.

조금 더 올라 설천봉을 지나니 원추리꽃이 한창이었다. 서로 껴안은 듯 마주난 잎으로 보아 각시원추리인 듯했다. 내가 그 꽃에 각별한 정을 느끼는 것은 그와 함께 연상되는 아버지 때문이다. 어느 날 문득 주검으로 다가온 아버지가 야속하여, 울며불며 따라가던 상엿길에 흐드러져 밟히던 꽃이 바로 그 꽃이다. 그래서 그 꽃을 보노라면 눈물범벅이던 내 모습도 함께 보게 된다. 이제는 놀람도 서글픔도 세월에 많이 희석되었지만, 원추리꽃을 볼 때마다 한 번 더 눈길이 가는 것은 어쩔 수가 없다. 슬픔을 잊게 하는 꽃이라서 망우초忘憂草라 한다는데 그 꽃을 만나면 슬픔이 되살아나니 어인 일인지…….

온통 초록과 노랑뿐인 듯하더니, 자세히 보니 뒤질세라 빨간 꽃물을 쏟아내는 하늘말나리가 나 보란 듯 미소 짓고 있었다. 아직 철이 일러 만개하진 않았지만, 봉오리 끝부터 붉은 물을 들이고 있는 그 꽃은 옹알이하는 아기처럼 귀여웠다. 지금쯤 여섯 개의 붉은 꽃잎을 활짝 열어 벌 나비를 유혹할 테지.

매발톱꽃은 이미 잔치를 끝낸 상태였다. 서걱거리는 무채색 꽃잎을 만지며 본디 진보라색이었을 꽃잎을 상상해보는데, 햇병아리 솜털 색의 물레나물꽃이 생각의 끈을 싹둑 잘라 끌고 갔다. 이름이 아니더라도 삐뚤어져 한쪽으로 돌아간 꽃 모양새를 보노라면 밤 깊은 줄 모르고 돌아갔을 물레바퀴가 떠오른다. 눈 비비며 올올이 실 끝을 잣는 처녀의 졸린 눈망울도 보이고, 포로로 날아가는 물레새도 상상이 되었다. 어릴 적, 냇가에 혼자 앉아 식구들의 빨래를 하노라면 저만치 나뭇가지에 날아와 앉아 꽁지깃을 끊임없이 까부르던 새, 그 새가 물레새이다. '끊임없이'와 '물레'라는 낱말이 발걸음을 빠른 장단에 맞추게 했다.

금방이라도 빙그르르 돌아갈 듯한 물레나물꽃을 뒤로하고 조금 더 오르니 또 한 번 숨이 막혔다. 동자꽃이었다. 운해에 몸을 막 씻고 함초롬히 얼굴을 내민 꽃은 정녕 강원도 깊은 산 암자, 그곳 동자의 화신인가. 폭설을 만나 못 돌아오는 시주승을 기다리고 기다리던 마루 끝 동자 스님의 눈망울인가. 다섯 조각으로 납작하게 벌린 꽃잎의 주황빛이 지나치게 고와 뒤따르던 여인은 눈물이 나온다고 했다. 일행 놓친다고 재촉했더니 나더러 매정하다고 투정을 하는데 그녀 또한 꽃으로 보였다.

향적봉까지 올랐다가 내려가는데 이번에는 구름패랭이 무리가 발길을 잡았다. 오른 길을 되짚어 내려가는 길이건만 왜 그제야 눈에 띈 것이었을까. 곱디고운 분홍색 꽃잎이 갈래갈래 찢어진 채 산바람에 길을 내주고 있었다. 몇 걸음 더 가다 돌아보니 하늘에 떠가는 구름과 대칭을 이룬 지상의 '꽃구름'이었다. 그리도 고운 것을 모르고 지나쳤다니, 혹 내 마음의 뜨락에도 구름패랭이처럼 고운 것들이 숨어 피고 있을지 모른다는 기대감으로 가슴이 한동안 뛰기도 했다.

그날 만난 청초한 꽃들은 이제 내 마음의 뜨락에서 무시로 피게 되리라, 뭇사람들이 부르는 섬의 노래처럼.

물매화

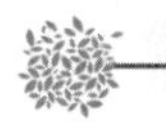

고개를 들어 창 너머 하늘을 본다. 건물 사이로 손바닥만 한 하늘에 초췌한 내 모습이 동화처럼 떠 있다. '관계'라는 이름으로 보이지 않는 여러 가닥의 줄에 묶여 당기는 대로 끌려 다니는 나. 그 위에 학 한 마리가 하얀 날개를 펴서 표정 없는 내 모습을 덮더니 이내 사라지고 만다. 이어서 어디선가 토끼 한 마리가 바다를 뛰어 건널 듯이 앞다리를 들어 올린다. 구름이 지어 보이는 내 자화상들이다.

산골 소녀는 그랬다. 고무신 앞부리가 찢어진 줄도 모르고 찔레순 참나물 잔대싹을 찾아 가파른 너덜을 기어오르고 바위 틈으로 빠져나가 떠가는 구름에다 꿈을 실었다. 빼꾸기가 울면 뻐꾸기가 되어보고, 산비둘기가 피를 쥐어짜듯 넋두리를 하면 산비둘기가 되기도 했다. 그러면서 공주가 되고 왕비가 되어 먼 산 푸른 윤곽 너머로 날아갈 듯 없는 날개를 펴서 나는 시늉을 했다.

지금쯤 뒷산 마루턱엔 물매화가 피었을까? 신기하게도 그 높은 산꼭대기 바위 틈에서 샘물이 솟았고, 물매화는 초가을 따가운 햇살을 이고 그 샘가에 소담하게 피어 있었다. 다른 풀꽃들이 한여름 잔치를 끝내고 시들시들 졸고 있는데 그 꽃은 그제야 발돋움을 하며 오롯이 우윳빛 자태를 드러내 보였다.

범의귀과 식물에 왜 매화란 이름을 주었을까. 매화처럼 예쁘다고? 아니면 혹한을 이겨내고 피는 매화처럼 혹서를 이겨내고 피는 인고의 꽃이라고? 아마도 후자가 아닌가 싶다. 눈길을 사로잡는 마력이 매화와 견줄 수 없을 만큼 월등하기 때문이다. 그래서 어느 사진작가는 오로지 물매화만을 찾아다니며 촬영하기도 한다. 하늘을 향해 한 줄기로만 뻗어 오르는 꽃대궁, 꽃대를 바치는 잎도 한 장, 넘치는 것이 좋은 것만은 아니라고 꽃 또한 한 송이뿐이다. 한 번만으로도 종족보존의 임무를 수행할 수 있다는 다부진 신념이 꼿꼿한 줄기에 가득 차 있다. 꽃잎은 5장으로 피보나치수열의 규칙을 따른다. 바로 앞 두 수의 합으로 나열되는 1, 1, 2, 3, 5, 8, 13……. 수학 시간에 의미 없이 외웠던 그 수가 꽃이 활짝 피기 전까지 꽃봉오리를 이루어 암술과 수술을 보호할 때 이리저리 겹치면서 효율적으로 감쌀 수 있는 꽃잎의 수란다. 거기에다 다섯 장의 헛수술은 얼마나 고아한 품위를 지녔는가. 무엇보다 나를 매료시키는 것은 이 헛수술이다. 꽃잎 위로 발돋움하여 화려한 왕관 끝의 꿀샘으로 벌 나비를 부르는 그 자태는 웃음 파는 여인의 요염이라기보다 격조 높은 반가의 귀부인상이라고 해야 옳지 않을까? 제 구실 다하고 꽃잎이 져도 황금빛으로 새 단장을 하고 씨방과 함께 또 한 번 꽃을 피우는 왕비. 심산궁곡 옥수 옆에 살면서도 뜨거운 햇볕을 받아야만 하늘을 향해 꼿꼿이 서는 습성과 혼신을 다해 꽃을 피우고, 꽃이 져도 미모를 포기하지 않는 그 지조가 예사롭지 않다. 내가 어렸을 적부터 그 꽃을 찾아 험산을 기어오른 것도 그러한 자태를 배우려는 의지가 아니었던가.

물매화의 담담한 눈웃음이 다가오면 나는 가슴이 뛴다. 이제라도 물매화를 찾아 떠나 볼까. 다른 꽃들 다 져서 결실을 자랑하는 이때에 방글방글 웃는 그 꽃의 미소를 대하게 되면 언제나 새 힘이 솟아날 것만 같다.

하늘에 또 하나의 동물이 나타났다. 커다란 거위다. 나더러 어서 따라오라고 길게 목을 뽑아 올리고 외친다. 뛰자, 저 푸른 능선 너머로. 뛰자, 퇴화한 날개일망정 파닥거리며 뛰자!

부슬비

고향 나들이는 언제나 해거름에나 나서게 된다. 할 일들을 마무리 짓고 떠나자면 그럴 수밖에 없다. 지난 주말 고향 성묫길도 그랬다. 학생들의 중간고사에 대비해서 특강을 하고 나니 해가 뉘엿거렸다. 단골 주유소에 들러 차에 기름을 넣고 나니 길게 뻗은 내 그림자가 벌써 몇 걸음 앞장서고 있었다.

어슬한 밤길은 학창시절부터 익혀 왔다. 보충 수업까지 마치고 통학차에서 내리면 거리에는 벌써 어둠이 내려앉았다. 역에서부터 집까지는 한 시간 거리, 인적 하나 없는 산길을 혼자 오르고 내려야 했다. 그렇게 몇 년을 걷다보니 어둠이 두렵기보다는 오히려 포근하게 느껴졌다. 거기에다 자욱한 저녁안개며 푸르스름한 달빛이라도 있는 밤이면 무슨 동화 속의 주인공이나 된 것처럼 들뜨기도 했다.

천안에서 고향까지는 차로 두 시간 남짓 거리다. 하지만 지루하다는 생각은 들지 않는다. 시내를 벗어나 취암산 터널을 지나면 마음은 세월을 거슬러 이미 내 고향 도장골에 가 있다. '큰짐승' 나올까 싶다고 젊은 아버지가 호롱불 들고 기다리시는가 하면, 토끼몰이 한다고 지겟작대기 하나씩 끌고 눈 속을 헤젓고 다니던 악동들이 하나씩 둘씩 모여들기도 한다. 그러한 영상들을 더듬어가다 보면 어느새 포근한 어둠이 내려앉은 고향마을에 안긴다.

그러한 고향 길이 지난 주말에는 이변이 생겼다. 차가 막 마을 입구에 들어서는데 느닷없이 "땅!" 하는 굉음이 울려 퍼졌다. 앞산에서 되돌아오는 메아리의 여운이 가실 때까지도 심장은 멎은 듯했다. 정신을 가다듬고 주위를 살펴보니 저만치 정적 속에서 불빛 하나가 깜빡거리고 있었다. 지하에 계신 아버지께서 옛날처럼 호롱불 들고 마중 나와 계신단 말인가. 하곳길 오르락내리락 산길을 타다 보면 아버지의 호롱불은 깜빡거리다가 사라지고 다시 나타나곤 했었는데……. 마을은 캄캄한 어둠에 묻혀 어디가 어딘지 모르겠고 적막한 고요만 흘렀다. 놀라움과 궁금증을 달래면서 조심스레 마을 중간쯤 들어서니 꽁무니에서 또 한 번 폭음이 울렸다. 고향 집에 들어서자마자 뭔 일이냐고 동생에게 물으니 태연하게 웃으면서 산짐승 내려오지 말라고 그러는 것이란다.

다음날 날이 밝기를 기다려 성묫길에 나섰다. 집 앞 수렁배미엔 황금색으로 익어가야 할 벼 대신 도깨비바늘이 붉은 빛으로 무성했다. 벼농사를 짓는 것보다 그렇게 논을 묵히는 것이 오히려 실속 있는 장사라니, 도무지 이해하기 어려웠다.

마을을 벗어나 골짜기를 따라 올라가니 층층이 자리 잡은 다랑논이 정겨웠다. 그러나 그곳 역시 황금물결은 아니었다. 가지런히 서 있어야 할 벼 포기는 이리저리 짓뭉개지고 몇 포기 서 있는 것이나마 볏낱은 간데없고 빈 이삭만 을씨년스럽게 하늘을 향하고 있었다.

우부룩한 풀숲길이 이어졌다. 아침 햇살은 퍼졌지만 간밤에 내린 비로 물기 채 걷히지 않은 풀잎이 바짓가랑이를 적셨다. 휘감기는 바짓가랑이를 내려다보니 박완서의 소설 〈가는 비 이슬비〉에서 수지의 어머니가 했던 이야기가 떠올랐다.

옛날, 가난한 과객 하나가 남의 집에 머무르면서 공밥을 얻어먹고 지냈다. 피차 넉넉지 못한 살림이기에 주인은 객이 어서 떠나기를 바랐지만 객은 하루라도 더 있으면서 끼니를 해결하고 싶었다. 그러나 객도 양심은 있는지라 떠나겠다는 날을 정하고 주인에게 그때까지만 있기로 양해를 구했다. 주인은 그날만을 손꼽아 기다리고, 손님은 하루하루가 아쉬웠다. 드디어 약속한 날이 되었다. 손님은 마지못해 떠날 채비를 하는데 마침 부슬부슬 비가 내리기 시작했다. 손님은 구세주라도 맞이하듯 '이슬비'가 온다고 반겼고, 주인은 '가는 비'라고 우겼다는 이야기다.

고향사람들은 소리 없이 내리는 가는 빗줄기를 이슬비나 가는 비라고 하지 않고 부슬비라고 한다. 산짐승들은 아마도 '들어앉을 비'라고 우길 테지만……. 어르신들이 애면글면 씨앗을 뿌려 놓으면 산새들이 날아와 쪼아대고 어렵사리 싹이 나서 이파리가 돋아나면 그마저도 고라니가 떼로 몰려들어 뜯어먹고, 땅속에 있는 고구마는 멧돼지 떼가 밭 한 뙈기를 통째로 차지하고 다 뒤진다는 것이다. 오촌 당숙네는 고구마밭을 그렇게 내주었고 영미 할아버지는 콩 수확을 포기했단다. 아예 남의 집에 들어앉은 과객 꼴이다.

올해는 고르지 못한 날씨 탓에 나무 열매도 부실하고, 이맘때면 숲 속에 꽃밭을 이루던 야생 버섯마저 자라지 않아서 산짐승들의 먹을 것이 더욱 부족한 모양이다. 배가 고픈 멧돼지들은 낮에도 마을로 내려와 어슬렁거린다고 한다.

동생의 얘기를 들으니 멧돼지들의 행패가 가관이다. 하루는 벼 수확을 하려고 논물을 빼러 가는데 멧돼지가 논두렁에서 태연하게 벼를 훑고 있더라는 것이다. 비키라고 큰소리를 치자 도망은커녕 도리어 무섭게 노려보더라는 것이다. 그 눈빛이 '너만 먹으라는 곡식이냐.'는 불호령인지라 주인은 뒷걸음칠 수밖에 없었다고 한다.

부모님께서 영면하시는 곳에 이르렀다. 산을 오르느라 헐떡거리던 숨을 고르기도 전에 산소 주변을 보고는 또 다시 숨이 멎을 것 같았다. 멧돼지가 무덤 주위를 파헤쳐서 아예 밭갈이를 해 놓은 것이었다. 드문드문 멧돼지 콧구멍 자국이 동그랗고, 파헤친 흙은 아직 물기가 마르지 않았다. 조금 전까지 이곳에서 먹이를 구하다가 산 아래에서 들려오는 인기척에 놀라 잠시 자리를 내준 것 같았다. 무덤 주위엔 성묘객이 버리고 간 과일 껍질, 생선포 육포 부스러기 같은 것들이 있어 멧돼지가 자주 찾아든다고 한다. 무덤을 덮고 있는 잔디에 사는 곤충이나 벌레도 멧돼지의 먹잇감이다. 그래서 묘제를 지낼 때도 아버님께서 즐겨 드시던 약주조차 봉분에 부어 드리지 못했다. 술 냄새를 맡으면 멧돼지가 봉분마저 뒤진다고 동생이 말리는 것이었다.

대지를 정복하고 지배한다는 인간이 하찮은 산짐승들에게 당하고 말다니, 이럴 수가 있는가. 총이라도 들고 지켜야 할 일 아닌가. 하지만 대지가 어찌 인간만의 소유물이던가. 그래서 고향사람들은 가짜 총성으로 으름장을 놓으면서 '가는 비, 이슬비'로 선을 그어가며 따지지 않고 부슬부슬 오니까 그냥 더덜뭇이 부슬비라고만 하는가 보다.

달빛

이슥한 밤, 창살 사이로 쏟아지는 달빛의 유혹을 뿌리치지 못해 마당으로 나가 돗자리를 편다.

푸르스름한 달빛이 장독 위로, 호박 넝쿨로, 담장 너머 은행나무 잎사귀에도 마구 쏟아진다. 스쳐 가는 실바람에도 빛을 싣는다. 하늘에도 흩뿌린다. 수많은 별도 달빛을 머금어 더욱 반짝이는 것만 같다.

내가 이토록 달빛의 아름다움에 매료되기 시작한 것은 달보기 모임의 일원이 되고부터이다. 그 동아리는 보름달이 뜨는 날이면 만났다. 더러 실내에서 만나기도 했지만 주로 도심을 벗어난 바깥에서 모였다. 그것은 인위적인 불빛에 반사되어 핼쑥해진 달이 아닌, 본래의 해맑고 청순한 달빛을 찾기 위해서였다. 또한, 한 걸음이라도 달에 다가서기 위해 높은 산꼭대기를 찾기도 했다.

달구경은 구경으로 끝나지 않는다. 달빛 아래 둘러앉으면 누구나 진솔해진다. 회원들은 그동안에 있었던 잡다한 일들을 모두 끄집어내어 달빛에 헹구어냈다. 달빛은 가식으로 얼룩진 일상을 말끔히 씻어 진실만을 가려내 준다. 그래서 살아감이 아름다운 것임을 일깨워 주었다.

달빛은 잠재된 내면세계의 심연 속까지 훤히 비춘다. 달빛에 취해 눈을 감으면 기억 저편의 일들이 되살아난다. 아버지는 말년에 도라지를 가꾸며 지내셨다. 비교적 잔손이 덜 가는 농사일을 찾다 보니 그리되었던 것 같다.

오랜만에 고향 집에 들렀던 어느 날, 당신께선 나를 도라지밭으로 데리고 가셨다. 산 아래 꽤 넓은 밭에는 마침 하얀 도라지꽃이 한창이었다. 점점이 피어난 수많은 꽃을 바라보니 숨이 턱에 닿을 지경이었다. 한참 그렇게 넋을 잃고 있는 나에게 "꺾어라!" 하셨다. 그러나 나는 한 송이도 건드리지 못하고 빈손으로 돌아왔다. 차마 손을 댈 수 없었다. 수많은 꽃송이만큼이나 흘리셨을 아버지의 땀방울을 생각하여 도저히 그 꽃을 함부로 꺾을 수 없었던 것이다.

나는 지금도 밤하늘의 잔별들을 바라보노라면 어김없이 그때의 도라지 밭을 떠올리게 된다. 아버지가 가꾸셨던 그 도라지꽃들이 혹 아버지를 따라 하늘로 올라가 별이 되지 않았나 하고 착각할 때가 있다.

요 며칠은 자꾸 도라지밭이 떠올랐다. 고향집을 부엌이며 대청마루 등을 메우고 털어내어 양식으로 개량할 것이라고 했다.

고향집은 내가 자란 곳이기도 하고, 지금은 뵐 수 없는 아버지의 손길을 느낄 수 있는 곳이다. 서까래 올라갈 때 잠시 대목의 손을 빌렸을 뿐 아버지께서 오랫동안 정성을 다해 손수 지으신 집이다. 그때 수수깡 산자를 한 줌씩 집어주기도 하고, 벽 바를 붉은 흙을 장난삼아 주무르기도 하며 아버지 곁을 알짱거렸던 일이 생생하다. 사랑채는 남자들이 기거하는 곳이므로 바깥출입이 수월토록 배려했다. 대문을 이웃하여 군불을 지필 수 있는 자그마한 공간에 이어 바로 사랑방 두 칸을 배치했다. 그러고도 사랑방 뒤쪽으로 외부와 맞닿은 출입구를 하나 더 마련했다. 규모는 대문의 절반도 못 되는 반면 형상은 고루 갖추어서 앙증맞은 느낌을 주는 일각문이었다.

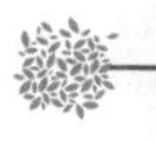

다섯 딸이 하나 둘 처녀티가 나기 시작할 무렵, 아버지는 사랑채를 내어주시고 안채로 들어가셨다. 그때부터 일각문은 우리들의 유일한 탈출구였다. 겉모습으로 보기엔 다 자란 듯한 열여섯 무렵의 나는 실체도 없는 꿈으로 가슴만 터질듯 했다.

반면, 딸자식을 다섯이나 두신 아버지는 당연히 엄하셨다. 우리들의 행동거지 하나하나를 손수 가르치셨는데, 방법은 오로지 통제하여 절제하는 능력을 기르는 것이었다. 그래서 아버지 앞에서는 희로애락의 감정조차도 드러내지 못하였다. 그저 다소곳이 참고 참으며 지냈다. 그러나 감정이 더할 수 없이 풍부한 그 시절에 어찌 다소곳할 수만 있었겠는가. 아버지가 집안을 한 바퀴 돌아 문단속을 끝내고 잠자리에 드시면 우리는 일각문 양쪽 문설주에 한 바가지의 물을 부어두었다. 여닫을 때 삐그덕거리는 마찰음을 잠재우기 위해서였다. 그리고 빗장을 살짝 들어 올리면 소리 없이 부드럽게 열려 감쪽같이 빠져나갈 수 있었다.

요즈음처럼 말초 신경을 자극하는 놀잇거리가 있었던 것도 아니건만 또래들과 어울리면 시간이 가는 줄 몰랐다.

아침 일찍 일어나신 아버지께서는 곤히 자는 우리들의 이슬 묻은 신발을 앞 댓돌 위로 옮겨 놓으셨다. 그러면 달리

훈계의 말이 없으셔도 우리는 한동안 일각문 출입을 자제했었다.

시멘트 바닥 위로 구르는 낙엽만 보아도 울컥 그리움으로 되살아나던 고향집, 이제는 기억 속에서나 간직해야 할 것 같다. 나는 상실감에 젖어 지내던 며칠간의 아린 마음을 달빛에 내어놓는다. 가끔 고향 집에 들러 아궁이 앞에 모여앉아 장작불 타는 소리를 들으며 알밤을 굽는 일은 유년으로 돌아간 듯 즐거웠다. 그러나 일상으로 장작을 지펴야 한다면 노동일 뿐이다. 그런 줄 알면서도 사라질 아궁이가 그토록 아쉬운 것은 무슨 이율배반일까.

한 번 가시고는 안 오시는 아버지의 모습이 달빛에 어린다. 고향집이 헐릴 것을 생각하니 아버지가 계신 곳이 한 발치 더 멀어진 것처럼 섭섭하다. 달빛이 온몸을 감싼다.

동행

아버지는 한달음에 달려가 문안드릴 수도 없고, 전화나 편지조차도 올릴 수 없는 먼 곳에 계신다. 바위처럼 흔들림 없이 내 앞에서 바람막이가 되어 주시던 아버지는 꽃상여 타고 노란 원추리꽃 흐드러진 산길로 훌쩍 가버리셨다. 그때의 가슴 저미는 슬픔을 눈물 없이는 감히 떠올릴 수가 없다. 싸늘하게 식어간 당신을 부드러운 흙으로 덮어 모시고 나니 세상이 텅 빈 듯 덧없었다. 몇 십 년을 써온 금전출납부도, 일기장도 한동안 내팽개쳤다. 칭찬해 줄 아버지가 안 계시기 때문이었다. 눈에 보이는 일상은 그대로인데 내면에선 나의 정체성이 소용돌이치고 있었다.

아버님은 솜씨 좋은 아낙이 정성 들여 썬 깍두기같이 정갈한 분이었다. 철저하게 자신을 단속하셨고, 행여 비뚤어질세라 딸 다섯에 아들 하나를 온갖 정성을 다하여 키우셨다.

다만, 담배만은 지나칠 정도로 즐기셨다. 어린 시절, 아버지를 아버지이게 하는 건 담배라는 생각을 했었다. 나를 꾸짖을 일이 있어도 담배 한 대 물으시는 것으로 처벌을 대신하셨다. 무언지는 모르지만, 갈등에 시달리시다가도 담배 한 대면 다시 의연함을 되찾으셨다. 아버지의 몸에서 나와 허공으로 흩어지던 담배연기는 아버지 안의 불순한 것들을 실어 내는 천사 같았다. 그래서 담배 한 대 피우고 앞장서시는 아버지를 뒤따라가면 더없이 평온했다.

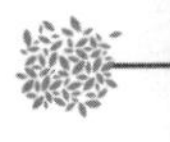

내가 중학교에 다닐 때의 일이다. 그땐 왜 그리 먹고 싶은 것도 많고 갖고 싶은 것도 많았던지……. 그러나 넉넉하지 못한 살림에 자식들 학자금 마련으로 전전하셨던 아버지는 좀체 쌈지를 열지 않으셨다. 책값과 교통비 외에는 용돈 타기가 만만치 않았다. 차비는 빤한 것이기에 참고서, 참고서 하며 쌈지를 노렸지만, 이내 들통이 나고 말았다. 하루는 아버님으로부터 호통이 떨어졌다. 사흘 걸러 산다는 참고서 좀

보자는 것이었다.

그러나 새벽밥 먹고 산마루 고갯길을 넘어 역까지 걸어가서 다시 기차를 타고 학교에 가다 보면 아침부터 허기가 져 국화빵 냄새의 유혹을 뿌리칠 수 없었다. 색깔 예쁜 편지지 사서 친구와 편지도 주고받고 싶었다. 그래서 꾀를 내었다. 영어를 모르시는 아버지에게 미술선생님이 '아이 엠 어 보이'를 사오란다고 했다. 아버님은 군말 없이 쌈지를 여셨다. 그 후로 며칠간을 짝꿍에게 기 안 죽게 이것저것 사들일 수 있었다. 이제 와 돌아보니 아버지는 속으신 게 아니고 속아 주신 것 같다.

집을 떠나 도시에서 학교에 다닐 때도 나는 철없는 딸이었다. 동아리 모임이다, 전시회다 하며 수업 끝나기가 무섭게 싸다녔다. 날짜 지나는 줄도 모르고…….

그런데 하루는 수업 중에 과 사무실로 오라는 전갈이 왔다. 뜻밖에도 아버님이 오신 것이었다. 바쁜 농사일로 그을려서 교수님들 사이에 계신 아버님이 검둥이 같았고, 날짜 지난 하숙비며 이것저것 요긴하게 쓰라는 용돈을 주시는데 그 손이 거북이 등처럼 갈라지고 거칠었다. 나는 그런 아버지가 부끄러워 그 자리에서 도망치고만 싶었다.

내가 결혼하여 5년 만엔가? 그동안 부어오던 재형저축이

만기되어 처음으로 우리 집을 장만했을 때, 성실하게 살아줘서 고맙다고 하시면서 기뻐하시던 모습, 또 귀 떨어진 벼루를 쓰시기에 새 벼루 하나 장만해 드렸더니 흐뭇해하시던 모습 등은 함박꽃 자태로 무시로 떠올라 나를 기쁘게 한다. 봄이 오면 고향집 연자방아 옆에 피는 함박꽃이 못내 그리운 건 아마도 아버지가 보고 싶어서 그럴 것이다. 자랑하고 싶은 일이 있을 때는 더욱 그리운 아버지.

아버님은 미욱한 내가 못 미더워 아직도 내 곁을 못 떠나는 것일까. 고비고비마다 현몽하시어, 옹졸함에 눈멀어 스스로 고통스러울 땐 떨리도록 준엄하신 눈으로 꾸짖어 주시고, 살기가 어렵다고 푸념할 때면 어김없이 푸근한 목소리로 다독여 주신다. 실체조차 없는 아버지, 그러나 나는 여전히 아버지와 동행한다.

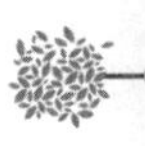

가을 강을 지나며

스쳐가는 바람결이 상큼하다. 쪽빛 가을 하늘에 풍덩 뛰어들고 싶다. 그런 터에 고향에서 날아온 결혼식 초대장은 나들이 구실이 되어 주어 고맙기까지 하다. 이런저런 일로 참석이 어려운 상황이나, 읽다 만 책을 가방에 넣고 역으로 향했다.

떠나는 것만으로도 즐겁다. 늘 같은 날을 같은 생각만으로 살아 권태로울 때 일상을 벗어나니 홀가분하다.

문득 모든 것을 한 번쯤 벗어던지고픈 충동이 강하게 일어 훌훌 털고 싶을 때가 있었다. 그러나 발목을 잡는 것이 어디 한둘이랴.

오랜만에 역에 나간다. 역전 광장에 누렇게 익어 고개 숙인 벼와 조 이삭이 이채롭다. 기찻길 옆에는 들꽃을 심어놓았다. 도심에서 좀처럼 볼 수 없는 삼백초, 노루오줌, 은방울꽃……. 두고 온 심산유곡이 그리운가, 속진 때문인가. 제대로 자라지 못하고 땅바닥을 기고 있다. 그래도 가을이 온 것을 어찌 알고 용담 한 떨기가 방긋 웃고 있다.

나서길 정말 잘했다는 생각이 든다. 멀리 작아지는 오밀조밀한 건물과는 달리 내 마음은 한껏 부풀어만 간다.

초가을의 풍경이 산뜻하다. 짙푸르던 산 빛이 엷어졌고 하늘은 말갛다. 끝 간 데 없이 높은 하늘을 유영하는 한 조각 구름에 마음을 싣고 간다. 손에 든 책은 펼치지도 않았다.

경부선을 벗어나 충북선을 달릴 때부터 남한강을 끼고 간다. 이제부터는 휙 지나치는 산자락에 어떤 고목이 서 있고 그 아래 몇 채쯤의 농가가 있는지 눈여겨보지 않아도 알 수 있다. 어디에 몇 분쯤 걸려 통과하는 굴이 있다는 것도 다 안다. 학창시절 자주 지나며 꿈을 키우던 곳이다.

요즘 젊은이들은 생기발랄한데 우리는 그렇지 못했다. 검정색으로 물들인 군복차림의 남학생들이 절규하듯 불러댔던 "자, 떠나자 동해바다로……."라는 노랫말이 아직도 귀에 쟁

쟁하다. 암울한 유신시대를 살면서 억압된 울분을 그렇게 토해냈었다.

두어 시간 달렸다. 기차는 강을 끼고 가다가 훌쩍 가로지르기도 한다. 산자락을 휘돌아가다가 이번에는 산을 뚫고 달린다.

대학 1학년 때인가. 어느 해 봄날에 이곳을 지나던 때의 감격이 떠오른다. 기암괴석 사이를 수놓으며 군락을 이룬 철쭉꽃이 참으로 고왔다. 철쭉꽃은 강물 속에도 흐드러졌었다. 수면을 축으로 대칭을 이룬 두 장의 수채화와, 그 아름다움에 젖어 차창에 기댄 채 넋을 잃다시피 했던 젊은 날의 내 편린을 반추한다.

그토록 화려한 봄날을 품었던 강물이 오늘 아무 말이 없다. 흐를 뿐이다. 험한 산골짝을 빠르고 격하게 흘러왔을 여울은 이곳에서 잠시 숨을 고른다. 지난여름 피서 인파로 몸살을 앓았을 텐데 아무렇지 않은 듯 제 모습을 지키고 흘러간다. 사람들이 떨어뜨리고 간 세속의 찌꺼기들을 한꺼번에 싸안고 흐른다. 산자락을 휘돌아 빠르고 격한 물살을 잠재운 강물은 더없이 맑고 고요하다. 잔잔한 강물에 몇 잎 이른 낙엽이 떠간다.

나는 떼어놓고 왔던 일상을 불러와 맑은 강물에 헹군다.

어쭙잖던 내 생활도 그럴 듯하다. 그저 버거워서 헤어나고만 싶던 날, 나를 남 보듯 스스로 이방인이었던 생활이지만, 나의 땀이고 눈물이고 또한 나의 노래다. 내가 보듬지 않으면 어찌할 것인가. 도망치듯 떠나왔지만 곧 돌아갈 그곳이다.

종착역을 알리는 차내 방송에 퍼뜩 예식장 이름을 더듬는다. 새 출발하는 육촌동생에게 전할 축하의 말을 생각하니 덩달아 새 힘이 난다.

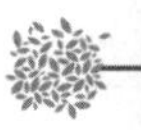

길에서
길을
묻다

일상의 가면을 벗어던지고 싶을 때, 낯선 길로 들어섭니다. 그 길에서는 내가 타인으로 다가와 말을 걸어오지요. 나는 그렇게 해서 객관화된 나와의 대화를 합니다.

측은지심

독립기념관에 다녀왔다. 몇 번이나 관람했지만, 워낙 자료가 방대하여 갈 때마다 새로 보이는 것이 있다. 이번에는 제2관을 샅샅이 살폈다. 개항부터 일제강점기를 지나 독립에 이르기까지의 과정을 돌아본 것이다. 역사의 소용돌이에서 고통당한 백성의 모습을 보고 있자니 그 아픔이 고스란히 전해져 분노의 감정으로 이어졌다. 무엇보다도 '정신대'란 이름으로 끌려가서 치욕을 견뎌야 했던 할머니의 외침, "돈 몇 푼 받자는 것이 아니다. 진심으로 사과하라!" 전시관에서 나왔지만 그 메아리는 계속 뒤를 따라와서 나를 전율케 했다.

그런데 그러한 감정이 어찌 이리도 쉽게 무너진단 말인가.

집에 돌아와서 텔레비전을 켜니 지진과 쓰나미가 일본 열도를 강타했다는 뉴스 속보가 나왔다. 2년 전, 진도 8의 가상 상황을 전제로 만들어진 영화 〈해운대〉의 참혹함이 화제가 되어 천만이 넘는 관객을 동원했었는데, 허구의 그 지진이 현실이 된 것이다. 독립기념관에서 품고 온 나의 감정은 화면에서 솟구치는 지진과 해일에 묻혀서 흔적이 없고 닿을 길 없는 연민의 정이 그 위에서 넘실거렸다. 나를 따라오던 할머니의 절규 또한 숨 막히는 공포의 정적 속으로 숨었다. 화면에서는 건물이며 차들이 격랑에 휩쓸렸다. '저 사람들을 어떻게 해.' 나도 모르게 입에서 나오는 말이 그러했다. 격랑의 감정 밑바닥에 묻혀 있던 인간 본연의 심층에서 솟아오르는 소리일 것이다.

측은지심惻隱之心은 인간의 본성이 어질다는 단서라고 한 맹자의 사단설은 예외가 없다. 어려운 상황에 처한 사람을 보면 그가 누구든 우선 구해 주는 게 인간 본연의 행위다. 진심으로 사과하라고 외치던 할머니 또한 내 옆에 앉아서 화면을 보았다면 격랑에 쓸려가는 그 사람들에게 손을 뻗쳐서 구하고 싶었을 것이다. 그러면서도 사과하라고 절규하는 그 속내는 무엇일까? 인간의 어진 본성으로 돌아가자는 외침일 것이다. 미련한 사람은 상처를 보상받기 위해서 복수의 칼을 갈지만, 그 칼날은 도리어 자신의 가슴을 찌르는 고통이다. 할머니도 아실 것이다. 그렇다면 분풀이의 외침이 아니고 내 안에 묻혀 있는 인간 본연의 선한 마음을 깨우쳐 주는 소리이다. 지금까지의 인류 역사가 그 본성 위에서만 엮어졌다면 적이 어디 있겠는가. 나와 이웃도 그렇다.

멀지도 않은 이웃 나라 사람들의 참상이 가슴 아프기만 하다. 피를 쏟듯 절규하던 그 할머니의 영혼도 하늘에서나마 표류하는 일본에 구원의 손길을 뻗칠 것이다. 제발 더 이상의 참상이 없게 해 달라고 나 또한 빈다.

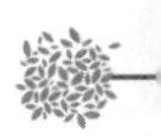

향수의 땅 해남

어수선한 사월 마지막 주말이었다. 직장의 급한 업무도 태산이고, 친척의 혼사에다 문인들의 모임이 이틀에 걸쳐 있었다. 설레는 마음을 누르고 문인 모임은 빠지자고 작정하니 달력에 써놓은 '해남기행'이 푸른 눈빛으로 나를 끌어당겼다. 정확히 말하자면 몇 년 전에 내 품에 안겼던 남해의 푸른 물결이 끌어당기는 것이었다.

바다는 네 시간 넘게 차 안에 갇혀 있던 나를 넓은 품으로 안아 주었다. 그때나 지금이나 울돌목의 물소리는 여전히 포효했다. 깎아지른 산협을 뚫고 나아가는 물의 힘, 그러나 힘만으로는 넘을 수 없는 터라 기슭을 더듬던 물은 세력을 합치는 지혜로 좁은 해협을 빠져나간다. 무사 또한 그렇다. 용勇을 지智로 부리지 않으면 만용이듯이 명량승전은 충무공의 지혜와 병사들의 용맹이 결합한 작품이다.

우수영 유스호스텔에서 물 울음소리로 밤을 새우고 이튿날 우황리 공룡박물관으로 갔다. 국내 유일의 고생물화석이라고 하는 공룡의 화석은 구천여 년이라는 세월의 격랑에도 흔들림 없이 공룡의 뼈대를 보여준다. 공룡 발자국이 많다고 길을 재촉하는 안내자를 따라 호숫가를 걷는데 뒤에서 할머니 한 분이 절룩거리며 팔 좀 잡아도 되겠느냐고 물으셨다. 군사정권 시절 교련시간에 배웠던 환자 구급법을 떠올려 온몸으로 지팡이가 되어드렸다. 분홍빛 스웨터를 곱게 차려입은 할머니는 웃는 얼굴도 분홍빛으로 물들었다. 여기 이 자리를 거닐던 공룡이 화석을 남기고 간 지 구천 년, 까마득한 그 시간 속에 떠서 흐르는 할머니와 나의 생애는 한낱 점에 불과한 것 아닌가. 그러한 촌각 속에서 애면글면 발버둥치는 인간들이 가소롭게만 여겨진다.

일행은 전세버스 두 대에 나눠 타고 윤선도의 유적지를 찾아갔다. 조선 시가詩歌의 쌍벽인 송강과 고산은 생활이 풍류였을 것이다. 전시관 앞에서 스쳐 지나려는 나를 현판이 불러 세우고 양각한 글을 보여 주었다. 운업芸業, 잡초를 가려 뽑아 숲을 무성하게 하고 업에 뜻을 지니고 있어 늘 곧고 푸르며 강직하라. 당쟁에 휘말리면서도 〈어부사시사〉, 〈산중신곡〉 같은 작품을 남긴 그의 의취를 압축한 말이다.

일정은 바빴다. 두륜산 아래 주차장에 차를 세우고 안내 표지판 따라 숲길로 들어서니 온통 동백나무숲이다. 코끝을 스치는 실바람에도 숲의 향기가 묻어있다. 동백꽃은 신록 속에서 더욱 동백답게 선홍으로 타오른다. 초록 속에 숨은 선혈의 순정, 가지 아래 떨어져 누운 낙화 위를 걷자니 왕비라도 된 듯 흐뭇하면서도 송구스런 마음 숨길 수가 없다.

숲을 지나자 들머리의 유선여관 간판이 웃음을 자아낸다. 유홍준 교수의 ≪나의 문화유산답사기≫에서 읽은 구절이 생각나서다. 미리 점찍어 놓은 손님의 신발 옆에서 잠을 자고는 이른 새벽 등산할 때부터 앞장서다가 저녁에 차 타고 떠나는 것까지 보고서야 여관으로 돌아간다는 개, '노랑이'라는 여관집 그 개는 지금도 있을까? 매번 그 개에게 점 찍혔던 유홍준 교수가, 하루는 답사를 거의 마칠 때까지 노랑이가 보이지 않더란다. 그런데 뒤늦게 다른 손님을 안내하고 있는 노랑이와 마주쳤다. 질투하는 유 교수에게 제4이동통신으로 "내가 암만 개새끼지만 밤새 술 퍼마시고 해가 중천에 떠도 일어나지 않는 인간들을 손님으로 대접해 줄 줄 알았더냐!" 라고, 호통치는 개의 속마음을 들여다본 그 예지는 글 쓰는 나를 깨우친다.

대흥사는 풍담스님부터 초의선사에 이르기까지 열세 분의 대종사를 배출한 호국사찰이다. 해탈문을 지나 우측으로 들어가면 성보박물관이 있다. 신발부터 바릿대, 칠보염주, 소라나팔, 교지까지 스님의 혈맥이 그대로 전해진다는데, 아뿔싸! 하필 이런 때 방귀가 나오다니. 행여 누가 눈치챘을까 싶어 뒤를 돌아다보니 선생님 한 분이 대웅전 본전의 상호처럼 빙그레 웃음을 머금은 얼굴로 고개를 돌리신다. 석가 존자라고 평생 동안 방귀를 참았으며 서산대사라고 배설하지 않았다는 말 있던가. 때를 놓친 배설물은 다시 기어들어가고 저 대신 가스만 쏟아낸다. 대흥사 해우소에 얽힌 고담이 생각나서였을 것이다.

고승 셋이 길을 가면서 본찰 자랑을 했다. 개태사 스님은 백여 명의 죽을 쑬 수 있는 가마솥을 자랑하고 화엄사 스님은 대웅전 싸리기둥의 굵기를 자랑하는데, 대흥사 스님은 한참 머뭇거리다가 해우소를 자랑했다. 분뇨탱크가 얼마나 깊은지 동안거 끝나고 나오면서 변을 보았는데, 그 배설물이 이듬해 동안거 결재 때가 되어서야 '톰방' 하고 떨어지더라나! 그만큼 깊다는 말이니 내게서 떨어져 나가려던 배설물도 아슬아슬한 그 추락이 두려워 안으로 기어들어갔으리라. 해우소로 달려가던 나 또한 아찔해서 발길을 돌렸다. 진위야 어떻든 다시 기회 닿으면 그때는 꼭 거기 해우소에 들어가 보리라.

대흥사 관람을 끝으로 공식 일정이 마무리되었다.

해남, 쪽빛 바다를 향해 달리던 차는 정작 바다에 이르자 내내 가장자리만 맴돌았다. 더는 나아갈 수 없는 단애다. 야트막한 산들도 앞발을 물에 담그고 닿을 길 없는 수평선만 바라본다. 향수로만 끝내는 낭만이고, 그리움으로만 짙어가는 쪽빛이다. 나 또한 아쉬움만 가슴 가득 담고 현실로 발길을 돌려야 했다. 바닷가 땅끝 마을은 그렇게 그리움과 향수로 푸르러갔다.

내 안에 갇혀서

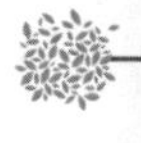

사흘째 걷고 있었다. 아침나절에는 바닷바람이 불어와 그럭저럭 걸을 만했으나, 해가 점점 떠올라 정수리에 열기를 쏟아 붓기 시작하자 정신이 몽롱하고 발걸음이 무거워졌다.

바윗돌을 끌고 가듯 해서 바닷가 작은 마을에 닿았다. 땡볕을 피해 길갓집 처마 밑으로 들어섰다. 주위를 둘러보니 언덕을 따라 낡은 어가 몇 채가 게딱지처럼 엎어져 있고 바닷가엔 빈 배 서넛이 밧줄에 묶여 졸고 있을 뿐, 쉴 만한 곳이 마땅찮았다.

"여기 가만히 계세요!"

그녀는 쉴 만한 곳을 찾아보겠다며 배낭을 벗어주었다. 날도 뜨거운데 돌아다니지 말고 전화로 알아보자고 엄지와 새끼손가락을 귀에 대 보였지만 쌩긋 웃고는 어느새 언덕 너머로 모습을 감추었다. 마음은 따라가지만 몸은 떼를 쓰며 그대로 풀썩 주저앉았다. 지도를 꺼내 보니 조금만 더 걸으면 뙤약볕을 피해서 쉴 만한 곳이 있을 것 같았다. 간간이 불어오는 짭조름한 바닷바람에 몸을 맡기지만 땡볕 속에서 헤매고 있을 그녀에 대한 걱정에 시장기까지 겹쳐 몸도 마음도 편치 않았다. 그만 돌아오라고 전화를 걸었다. 그러나 번번이 발신음만 들릴 뿐 응답이 없이 끊겼다. 문자메시지를 보내도 마찬가지였다. 그녀에 대한 걱정 위에 고립감이 얹히면서 화를 끌어내기 시작했다. 그녀가 사라진 언덕을 속절없이 바라보자니 불덩이 같은 태양을 이고 빈집 몇 채가 졸고 있을 뿐 사람 그림자는 보이지 않았다.

모락모락 타오르는 울화의 연기 속에서 아까 오다가 만났던, 검은 얼굴에 하얀 이를 드러내며 시시덕거리던 한 패의 외국 사람들이 어른거렸다. 기우라고, 머리를 흔들어 생각을 털어내고 다시 전화를 걸었다. 신호가 두어 번 가다가 연결음이 이어졌다. 나도 모르게 소리를 버럭 질렀다. 헐레벌떡 달려온 그녀를 보니 얼굴은 벌겋게 달아올랐지만 멀쩡한 것 같았다.

애써 화를 참으며 짐을 지고 일어섰다. 그녀는 엉거주춤하더니 하려던 말을 삼키고 묵묵히 따라왔다. 한참 걷다 보니 지도에서 본 대로 폭포가 나타났다. 우렁찬 폭포 소리에다 삭이지 못한 화를 쏟아 부었다. 물줄기는 나를 대신해서 소리를 지르며 마구 떨어졌다. 폭포 주위의 찬 공기로 등줄기에 흐르던 땀도 가셨다.

길은 폭포를 에돌아서 이어졌다. 한참 돌아 오르니 우렁차고 거대하던 폭포는 저 아래에서 하얀 종잇조각처럼 절벽에서 나풀거리고 소리는 점점 멀어졌다. 숲에 들어서자 징검다리가 나타났다. 고여 있는 것처럼 잔잔한 옥수가 징검다리 사이를 빠져나가고 있었다. 해변의 뙤약볕은 어디로 갔는지 흔적 없고, 나뭇잎 사이로 언뜻언뜻 비치는 햇살은 골짜기를 쓸어오는 바람과 섞여서 한기까지 안겨 주었다. 이름 모를 하얀 들꽃이 물길을 따라 무리지어 피어있고 그 사이를 잠자리 몇 마리가 유유히 날고 있었다. 평지를 흐르는 물은 소리가 없다. 물의 본래 모습이다. 고요하고, 모든 걸 품어 안고, 낮은 데로 흐르고, 하나로 뭉치고, 바위가 그 길을 막아서면 저항 없이 돌아가는 것이 물의 본성이다. 징검다리에 올라서니 내 마음도 차분히 가라앉았다.

징검다리를 지나 개울물과 동행하는 길을 한참 가다 보니

다시 폭포 소리가 조금씩 들리기 시작했다. 길은 내내 폭포를 에둘러 나 있었다. 폭포가 다시 다가왔다. 물소리도 따라와서 천둥치듯 겁을 주었다. 계곡은 흔적도 없이 뚝 끊겨서 허공이 되고, 물은 아득한 절벽 아래로 곤두박질쳤다. 그토록 고요하던 물이 얼음가루처럼 부서지며 굉음을 낸 까닭은 무엇일까. 계곡도 화를 내는 것일까.

조금 전, 화를 삭이지 못했던 나를 되돌아봤다. 그녀는 나를 위해 뙤약볕 속에서 헤매었는데 나는 화가 났다. 불가에서는 불만족한 느낌에 반감이 결합하여 화를 내는 것이라고 한다. 몸이 지친 상태에서 내 마음을 불안하게 한 것에 대해 반감이 생긴 것 같다. 성냄은 탐욕의 부하로서 가장 천박한 불선심이고, 깨달음과 열반으로 가는 길을 막는 삼독 중의 하나라고 한다. 탐욕은 어리석음에서 비롯된다. 내가 어리석었다. 내 안에 갇혀서 보이는 것만 보았지 상대의 본래 모습을 보지 못한 것이다.

다시 폭포를 지나 아래로 내려간 길로 걸었다. 하얗게 부서져 내리던 폭포수는 다시 하나로 합쳐 고요히 내 옆을 흘러가고 있었다. 나무 의자가 있어 잠시 쉬어 가기로 했다. 그때 '띠리링 띠리링' 하고 그녀의 스마트폰에서 발신음이 연이어 울어댔다.

"문자 보내셨던가 봐요? 아니, 웬 전화를 이렇게 여러 번 하셨대유?"

화면을 들여다보는 그녀의 말이다. 원인은 스마트폰에 있었다. 구석구석 초행길을 잘도 찾아 주던 새로 산 그녀의 신형 전화기가 무엇이 잘못 작동되었는지 그제야 발신음을 울리는 것이었다.

그녀와 나는 화면 가득 뜬 '엄마'라는 글자를 보다가 마주 보고는 피식 웃었다. 폭포수는 소리를 재우고 고요했다. 그것이 본래의 물이다. 좀 전에 화를 냈던 내 모습도 본질이 아니고 피상이라고 이해해 주었으면 하는 바람으로 그녀를 돌아보았다. 내게서 건너간 물거품은 말끔히 걷히고 시선이 물웅덩이에 잠겨 있다. 안심이다. 화장실에 다녀와서 가방을 메고 나서니 짐도 몸도 가벼워졌다. 그런데 저 가방은? 앞서 가는 그녀의 배낭이 배가 불룩해지지 않았는가?

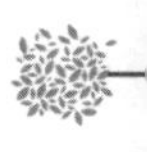

길에서 길 찾기

제주의 구석구석을 올레길이라 이름 붙이고 '놀멍 쉬멍 걸으멍'이라는 부제를 달아 소개한 글을 읽었을 때, 길이라는 의미가 형상화하면서 강한 힘으로 나를 끌었다.

길, 길은 우리의 생애를 끌어가고, 끌려가는 생애는 길 위에 또 하나의 길을 연다. 목적지는 같더라도 가는 길은 모두 달라서 안개 속을 헤치고 가시덤불에 새 길을 내며 가는 이가 있는가 하면 나처럼 남이 간 길을 더듬어 따라가는 이도 있다.

이번 추석연휴는 주말과 이어져 길었다. 나는 그 시간에서 나흘을 잘라 좀 낡았지만 내 발과 궁합이 가장 잘 맞는

신을 골라 신고 길의 의미를 확인하러 나섰다. 방향도 모르고 허덕허덕 걸어온 내 길을 정지시켜 놓고 놀며 쉬며 걸으며 앞길을 미리 걸어보자는 나들이였다. 길에서 길을 찾는 셈이다.

제주 공항에서 얻은 안내지도를 가방에 넣으니 초행길인데도 두렵지 않았다. 리무진 버스로 서귀포까지 이동한 뒤 택시를 이용하여 쇠소깍까지 이동했다. 그곳에서부터 길 찾기가 시작되었다. 길은 진리라고 믿기에 우리는 길을 따른다. 더러는 따르면서 혹시 자신의 길이 맞는지 돌아보기도 한다. 내가 가는 길이 걸어 온 길을 의심하는 것이다.

'간세'라는 조랑말 모양 이정표가 갈림길마다 나타나서 갈 길을 안내했다. 위를 보고 걷는 올레꾼에게는 나뭇가지의 리본이 방향을 잡아주고, 아래를 보고 걷는 이에게는 바닥에 그려놓은 화살표가 길을 잡아 주었다. 눈을 어디에 두든 이정표는 목표지점까지 길잡이를 해 주었다. 순행 길은 파란색 화살표, 역행 길은 주황색 화살표로 이어지기 때문에 갔던 길을 되돌아가도 된다.

내 인생길에도 군데군데 '간세'가 있었다. 그러나 올레길의 간세처럼 바른길만을 안내하지는 않았다. 꼭 집어서 "이 길이 진리다."라고 일러 주지도 않았다. 아둔한 내가 알아듣지 못했을 수도 있다. 또한 내 뒤를 따라오는 이들에게 나는 제대로 된 간세였을까? 영혼을 깨우치는 스승이기를 바라지만, 한낱 지식을 파는 장사꾼에 불과한 건 아니었을까? 발은 이정표를 따라 정확한 보폭으로 나아가지만, 마음은 파도만큼이나 이 생각 저 생각이 부딪쳐 소란스럽다.

뙤약볕을 이고 등짐을 지고 가자니 발마저 짐이었다. 지칠 무렵 나타난 이중섭 미술관, 이 또한 이정표다. 안목이 없어 그가 그린 그림에서 천재성을 발견하지는 못해도 자신과 가족과 조국을 사랑한 아름다운 영혼은 내 인생길의 분명한 이정표다.

그가 한때 세 들어 살았던 집으로 들어갔다. 사람은 갔지만, 흔적은 남아 있고 당시의 집주인도 아직 그곳에 살고 있어 그가 간 길을 더듬을 수 있었다. 집 주인인 노파는 이중섭이 하도 가난해서 방세를 받지 못하고 방 한 칸을 내주었다고 한다. 어디서부터인지는 몰라도 나를 따라오던 강아지도 곁에 앉아서 귀를 쫑긋 세웠다. 좁은 단칸방에 살았지만 마음은 부자로 살았던 것 같다. 담뱃갑 속 종이에 그린 그림들을 들여다보고 있자니 가슴이 금방 따스해졌다.

미술관에서 그날의 길은 끝이 났다. 어두워져서 간세를 볼 수 없었기 때문이다. 다음 날 날이 밝은 뒤 길은 다시 이어졌다. 주로 바다를 끼고 걷고 때로는 오름도 오르고 감귤이 익어가는 농장 옆도 지나고 아열대 수목이 우거진 숲길도 걸었다. 이정표가 지시하는 대로만 걸었다.

이정표를 따른 지 사흘째, 길 위에서 날이 저물었다. 간세는 보이지 않고, 갈 길은 가야 했다. 더듬더듬 가다 보니 가던 길에서 갈라진 새로 닦은 듯한 흙길이 희미하게 눈에 들어왔다. 방향도 거의 같았다. 길은 길이다. 나는 스마트폰의 불빛을 믿고 새 길을 가고 싶은 충동에 끌려서 그 길로 들어섰다. 어디서 날아왔는지 반딧불이가 동행했다. 지시하는 길만을 갈 때와는 달리 내 몸의 세포들도 모두 깨어나 힘을 보태는 것 같았다. 한 발 한 발 내디딜 때마다 신바람이 났다. 나는 그런 길을 가고 싶었다. 그 길이 다른 사람들에게도 신바람을 일으킬 수 있다면 진리이리라. 억지로 끌려가는 길, 오로지 자신만을 위해 질주하는 길, 남은 물론 자신에게도 고통을 안겨 주며 활개치는 길은 가지 말아야 할 길이라 믿는다. 새 길은 가던 길과 만났다. 새 길을 가는 것을 시도해 본 것으로 만족할 수밖에 없었다.

다음 날은 다시 이정표를 따랐다. 갈림길이 또 나왔다. 이정표는 짜릿한 바윗길과 에둘러 가는 숲길을 가르쳐 주고 선택은 나에게 맡겼다. 나는 망설였다. 나 혼자가 아니고 뒤따르는 동행인의 앞길까지 떠맡았으니 함부로 발을 옮길 수가 없었다. 고민 끝에 안전하고 느리게 가는 길을 택했다. 그러나 선택하지 않은 나머지 길이 자꾸 눈길을 끌어갔다. 미련을 떨칠 수 없었다. 그래서 일행이 쉬고 있는 동안 간 길을 되짚어가서 가지 않은 길을 다시 걸었다. 인생길도 그렇게 되짚어갈 수 있다면 어떨까? 만약에 그런 기회를 준다면 어디쯤에서 되돌아갈까? 지나온 길을 되짚어 보니 되돌아가 다른 길을 택하고 싶은 곳이 한두 군데가 아니다. 그러나 세월은 되돌아가는 길을 열어주지 않는다. 그러니 이제부터라도 후회하지 않을 길을 가자고 다짐할 뿐이다. 올레길을 가다 보면 이렇게 볼거리 느낄 거리가 생각할 거리를 부추긴다.

믿어 주면 누구나 '착한 사람'이 되는 걸까? 길 가에 '주인 없는 가게'라는 간판이 있어 들어가 보니 제법 많은 물건과 돈이 있었다. 바람에 날아갈 것을 염려하여 물 컵으로 지폐를 눌러 놓고 간 앞사람을 따라 나도 그렇게 얼음물 값을 지불하고 떠났다. 바닷가라고 바닷물만 있는 것은 아니다. 바위틈에서 솟아오르는 물은 발을 오래 담그지 못할 정도로 찬 민물이다. 양말까지 벗어놓고 발을 담그니 발가락을 통해 짜릿함이 머리끝까지 올라왔다. 나도 누군가의 지친 인생길에 석간수로 다가갈 글을 써야 할 텐데…….

그렇게 계획했던 걷기가 끝이 났다. 그러나 나의 길은 여전히 수평선 너머에서 가물거렸다. 나는 지금 어디까지 왔는가. 쉰넷, 길이 끝나는 곳으로 향해 내리막길을 가고 있다. 어차피 가야 할 곳, 서둘러 지름길을 탐하거나 편한 길만을 추구하지는 않겠다. 느리게 에둘러 가며 빗방울 소리, 흙냄새, 햇살에 사그라지는 새벽이슬 빛을 벗해 가고 싶다. 이중섭의 은지화에서 엿본 자신과 가족과 조국을 사랑한 길도 자꾸 어른거린다. '길에서 길 찾기'는 그렇게 '길에서 길 돌아보기'에 머물고 말았다.

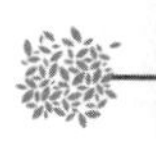

한여름의 목련꽃

며칠 전부터 집 앞을 지날 때마다 향긋한 꽃향기가 코끝을 스쳤다. 향수로 치장한 어느 멋쟁이 아가씨가 지나간 것일까. 그렇다면 그 아가씨는 어째서 매번 나보다 한발 앞서 드나드는 것일까.

그런데 오늘 퇴근하다가 궁금증을 풀게 되었다. 그곳에 우뚝 서 있는 경비실 아저씨와 마주쳤다. 무엇에 홀린 듯, 인사를 하려 해도 눈길조차 주지 않았다. 나도 그의 눈길을 따라 시선을 옮겼다. 참으로 기이한 일이었다. 꽃철 지난 지 언제인데, 한여름에 목련꽃이라니…….

그곳에 꽤 큰 목련 두 그루가 있었다. 자잘한 잔가지마다

다닥다닥 붙은 꽃봉오리가 한꺼번에 벙글어지면 장관이었다. 창문 너머로 볼라치면 그 순백의 화려함에 코끝이 시큰거리기도 했다. 다가가 바라보면 진한 향기에 현기증이 날 지경이다.

그런데 올봄 목련이 막 꽃봉오리를 키우려 할 즈음 경비아저씨는 무자비하게도 가지를 모두 잘라버렸다. 몸통만 남은 목련은 보기 흉할 뿐더러 꽃은 고사하고 이파리 하나 틔우지 못하고 죽어버리지나 않을까 염려될 정도였다.

이제나저제나 꽃 피기만 기다리던 나는 상실감에 젖어 속이 짠했다. 가지들은 비닐 끈에 질끈 묶인 채 목련나무둥치에 기대어 하루하루 물기를 빼앗기고, 나무는 그 위에 속절없이 수액을 떨어뜨렸다. 그리움이 진했던 탓일까. 마른 나뭇가지에서 목련꽃 냄새가 나는 것 같았다.

그런데 기둥 같던 그 나무에서 새싹이 돋고 자라 가지가 되고, 쉬지 않고 꽃눈이 돋아 한여름에 꽃망울이 터진 것이다. 본디 새싹은 상처나 아픔 따위를 먹고 자란다고는 하지만 아무리 생각해도 경이롭기만 하다. 짙푸른 잎사귀 뒤에 숨어서 살포시 얼굴을 내민 꽃잎은 더할 수 없이 희다. 새순을 키워 피운 꽃이라서 그런가, 어린아이 웃음처럼 해맑기까지 했다. 그 여리디여린 꽃잎 어디에 그토록 진한 향기가 배어있었단 말인가. 다른 목련 나무들은 이미 내년을 위해 겨울눈을 키우고 있건만 조바심 따위는 안중에 없고 한가로이 꽃향기를 날리고 있었다.

꽃으로 피어보지도 못하고 시드는 봉오리를 보고 느꼈던 안타까움, 말라 형체도 없이 부서질 때 아득했던 상실감 따위는 한순간에 보상이 되었다. 아마도 그때 잘린 가지는 거름이 되어 새 꽃을 피우는 자양분이 되었을 게다.

나뭇잎이 경비실 창문을 가릴 것이라는 자기만의 소견으로 낫자루를 휘둘렀던 경비실 아저씨는 어떤 마음으로 그리도 오랫동안 꽃을 보고 있었던 것일까.

은장도

차 안을 정리하다가 낯선 과도를 발견했다. 주방이 아닌 곳에서 칼집도 없이 날을 세운 걸 보니 섬뜩했다. 도무지 출처가 생각나지 않더니 얼마 전 차 안에서 과일을 깎아 나누어 먹은 일이 떠올랐다.

며칠 후, 그때 과일을 깎던 여인이 내 차를 또 탔다. 내릴 때 챙겨 가시라 했더니, 그대로 두고 은장도로 대용하란다. 행여 치한과 마주치거든 욕되게 목숨 부지할 생각 말고 가차 없이 활용하라는 부연까지 덧붙였다. 그 말끝에 일행은 좁은 차내 공간이 터져나갈 듯 웃어 제쳤다. 그 공격적 웃음소리에는 수긍할 수 없다는 부정의 뜻도 내포된 것이리라.

은장도라, 날이 한쪽에만 섰으니 도刀라 할 수 있으나 아무런 치장도 없는 걸 장도粧刀라니? 더구나 은이라곤 구경도 못한 쇠붙이를 은장도銀粧刀로 승격을 시켰으니 가관이다. 그렇거나 말거나 잘 쓰란다. 크기로 보아 주머니 속에 지닐 낭도囊刀는 못되고 옷고름에 차는 패도佩刀로 써야 할 것 같다. 과도 찬 모습을 상상하니 저절로 몸짓이 어눌해진다.

은장도는 예쁘다. 은 외에 금, 옥, 비취 등으로 장식하기도 하고 문자, 그림 등 무늬를 넣기도 한다. 그렇기에 노리개이거나 계급을 나타내는 상징물이었다. 그러나 칼날만큼은 쇠 중에 강도 높은 뽕쇠를 고집한 걸로 보아 충절과 정절의 의미도 함께 담고 있었던 것 같다.

선조들은 고려 시대부터 그것을 차는 풍습이 있었다고 한다. 여인에겐 거울, 참빗과 더불어 필수품이었다. 남자들도 백동입사로 장식한 것을 차긴 했으나 그들의 그것은 정절의 상징이 아니라 호신용이었다.

내 안에도 은장도가 있긴 있다. 중학교 2학년 때인가, 책이 귀하던 시절이었다. 그런데 어떤 친구가 소설책을 학교에, 그것도 네댓 권이나 갖고 왔다. 신줏단지 같은 그것들은, 엄한 선생님들의 눈길을 용케도 피하며 겉장이 닳아 없어질 때까지 교실을 돌고 돌았다. 나도 내 차례를 놓치지 않고, 가슴을 졸이고 눈물을 흘리기도 하며 그 내용을 마음에 새겼다. ≪머무르고 싶었던 순간들≫, ≪애정 있는 양지≫, ≪사랑이 그리워질 무렵≫ 등등이었다. 모두 한 작가의 작품이고, 지고지순한 사랑이 주제였다. 온갖 역경을 딛고 사랑을 쟁취한 여인, 그 사랑을 지키지 못해 불행의 늪에서 허덕이는 여인의 마음을 읽으면서 사랑은 붙박이, 오로지 하나뿐이라는 무형의 은장도가 가슴에 자리 잡은 것이다.

그러구러 며칠 후 과도 주인과 또 한 여인이 내 차를 다시 타게 되었다. 그중 젊은 여인이 웬 과도냐고 묻는다. 내가 대답할 겨를도 없이 과도 주인이 선심을 쓴다.

"갖다 써, 은장도야. 갖고 다니다가 치한이 외면하고 지나치거든 가차 없이 공격하라구!

또 한바탕 웃음보가 터졌다. 먼저와 달리 웃는 소리가 순했다. 웃자고 한 말에 대한 웃자는 응수였던가. 그래도 그렇지, 나에게 권할 때는 자결용이라 하더니 그녀에겐 '공격용'이라 했겠다! 왜 나만 죽으라 하냐고 했더니 당신은 옛날 사람이고, 이 사람은 젊은 사람 아니냐? 게다가 '싱글'이기 때문이라고 일축했다. 사랑은 '움직이는 것'이라나.

그 후, 은장도에 호기심이 생겨 인터넷 검색창에 '은장도'라고 쓰고는 엔터키를 쳐 보았다. 화면 가득 밝은 색 커다란 글씨가 껌벅껌벅했다. '여친, 이제 걱정 마세요. 은장도가 지켜줍니다. 몰카, 도청, 이제는 끝!'이란다. 그리고는 손가락만 한 물체가 빙그르 돈다. 아마도 여자 친구의 사생활이 공개되는 것을 막아 주는 기구인 것 같았다. 설명글을 읽어보니 숨어 있는 카메라나 도청장치에서 나오는 전파를 탐지하여, 그들의 5미터 전방에서부터 경보음을 울려 주는데 가까이 있을수록 빠른 간격으로 소리는 낸단다.

이제 정절의 상징이었던 은장도는 박물관 진열장에 들어가 있거나, 그렇게 세태에 맞게 거듭 태어나 사용되는 모양이다.

만약에 그 '여친'이 내 차를 탄다면 과도 주인은 어떤 용도로 그녀에게 과도를 권할지, '여친'이라는 채팅 용어를 사용하는 신세대에게 사랑은 무엇이라 설명할지 자못 궁금하다.

나비를 꿈꾸는 번데기

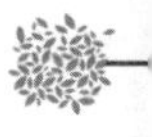

함평에 대해 아는 것이 없었고, 그곳과 인연도 없이 살았다. 그런데 전남문인협회에서 주최한 '전국 문인 초청 나비기행'에 선뜻 앞장섰다. 근무하는 평일이었는데도 말이다. 업무 외의 일로 사무실을 이틀씩이나 비운 건 아마도 이번이 처음일 것이다.

그것은 함평 하면 떠오르는 이미지 때문이었다. 그곳에 가면 훨훨 나는 나비를 만날 수 있을 것 같았다. 일상에 갇혀 번데기처럼 변화 없이 지낸 지난 세월의 타성을 벗을 수 있는 계기가 되었으면 하는 기대도 있었다.

그곳은 산업자원이나 관광자원이 있거나, 특산물이 있어

수입을 올릴 수 있는 곳이 아니었다. 그래서 젊은이들은 도시로 떠나고 노인들이 농사를 지으며 사는 농촌일 뿐이었다.

그런데 이제는 그렇지 않다. 엑스포 공원에 도착했을 때 그곳이 훨훨 날고 있다는 느낌을 받았다. 눈에 띄는 조형물마다 나비를 형상화한 때문이기도 했지만, 신록을 배경으로 피워낸 갖가지 예쁜 색의 꽃과 아름다운 시설물에 땀과 꿈이 어려 있었다. 인구 3만 7천의 작은 고장에서 이루어낸 것이라고는 믿기 어려웠다.

전시관은 여섯 군데로 나뉘어져 있었다. 정감 있게 가꾸어 놓은 생활유물전시관이나 자연생태관은 나를 어린 시절로 안내했다. 벼가 자라는 곳에선 함께 피사리하던 부모님이 떠올라 그리움에 젖고, 토종 민물고기 생태관에서는 모래무지, 퉁가리를 움키느라 해 지는 줄 모르고 함께 놀던 친구들이 생각나 즐거웠다. 잎 뒷면에 붙은 작은 생명이 세 번의 힘든 변태과정을 거쳐 나비로 날아오르는 과정을 생생히 볼 수 있는 나비생태관도 인상 깊었다.

오두마을의 아침 풍경은 그릴 수 있을 정도로 선명하게 기억된다. 산등성이에서 비치는 햇살을 받아 반짝이는 이슬방울들, 그 이슬을 인 연둣빛 새싹, 갖가지 향기를 뿜어내며 꽃잎을 여는 야생화의 모습은 청순함 그 자체였다. 사람과 자연이 생기와 의욕을 교류하며 바쁘게 사는 마을인지라 게으른 나로서는 감히 그들 앞에 마주 설 수 없어 살며시 발걸음을 옮겼다. 여러 공연 프로그램과 체험학술 프로그램도 유익하고 흥미진진하여 시간만 넉넉하다면 며칠 더 머물고 싶은 곳이었다.

자잘한 풀꽃 사이로 나비가 바쁘게 날개를 친다. 그냥 꽃이요 나비가 아니고 대지의 숨결이 분분히 나는 것이다. 알—애벌레—번데기—나비—알—애벌레—번데기……. 무한순환으로 탈바꿈하는 생명체의 변신 가운데 지금의 나는 무엇일까? 새삼스럽게 나라는 존재가 화두로 떠오른다. 생명이 잠재된 번데기로부터 침묵을 찢고 비상하는 나비? 그러나 그것은 백일몽일 뿐이다.

나비는 생명이 없는 것 같은 고치로부터 깨어 일어나는 변신의 능력과 불멸성을, 그리고 죽음과 타락으로 보이는 것들로부터 깨어 일어나는 아름다움을 상징한다고 한다. 그렇다면 함평은 과연 나비다. 비록 과거의 함평이 '죽음과 타락으로 보이는 것'은 아니었을지라도 내게 미지였던 함평이 아름다움과 감동으로 다가왔기 때문이다.

나도 그곳에 있던 이틀간은 나비로 날았다. 동행한 문인들도 한가지였던지, 평소 사무적인 모습과는 달리 격의 없이 마음을 열었다. 백일몽일망정 나비가 되었다는 것만으로도 나는 고맙다. 함평 고장 사람들의 땀과 꿈이 나의 날개를 달아 준 것이다. 초청해 준 조수웅 전남문협 회장님께선 '집에 돌아가서 컴퓨터 앞에 앉기만 하면 자동으로 시를, 소설을, 수필을 펑펑 쏟아낼 것'이라고 했는데, 이미 함평은 나비의 언어로 수필을 써놓고 나를 기다리고 있었던 것이다.

실새삼과 고마리

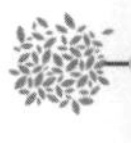

식물은 대부분 위로 향하는 속성이 있다. 스스로 양분을 만들자면 햇빛이 필요하기 때문에 가지를 곧게 뻗어 올리고 잎을 펼친다.

그렇더라도 해를 찌를 듯 높이 뻗어 올라간 나무 옆에 서면, 줄곧 1등만 하던 친구나 재벌이 되어 떵떵거리는 동창회장 같아서 지레 움츠러든다. 그래서 산책길에 든 내 시선은 아래로 향한다.

그날도 내 눈길은 길옆에서 재잘거리는 도랑으로 향했다. 거기에는 무더기로 꽃을 피워 낸 고마리, 스스로는 설 수 없어 둑을 타고 오른 할미밀망 넝쿨 등 고만고만한 풀들이 해

바라기를 하고 있었다. 주위에 잘 가꾸어진 키 큰 정원수들이 위용을 뽐내고 있었지만 그들은 아랑곳하지 않았다. 한쪽에선 온전치 못한 몸으로 태어난 민이의 두 팔처럼 허공을 휘젓는 실새삼이 반투명한 가지를 고마리 위에 늘어뜨렸다.

다른 것은 다 푸른데 실새삼은 말간 젖빛이다. 광합성을 해야 하는 식물이 잎파랑이가 없다는 것은 사람으로 친다면 장애인인 셈이다. 생태계의 맨 아래 생산자로서는 생존조차 보장될 수 없는 조건이다. 그런데도 해맑은 꽃을 피워냈다.

실새삼이 살아가는 모습을 보면 애틋한 정이 간다. 씨앗이 발아하면 두 개의 떡잎을 낸다. 다음에는 본 잎을 내어 스스로 양분을 만들어 자라는 것이 수순이겠지만 실새삼은 줄기만 뻗어 간다. 스스로 양분을 만들 수 없는 몸이기 때문에 건강한 숙주를 찾아나서는 것이다. 약자를 공격해서 가진 것을 빼앗는 게 생태계의 상례지만 실새삼은 다르다. 의지할 만한 건강한 숙주를 찾으면 그곳에 관을 대고 뿌리를 스스로 자른다. 어차피 광합성작용을 못 할 바에야 뿌리에서 물을 빨아올린들 무엇에 쓰겠는가. 잎 또한 키우지 않는다. 기생하는 처지에 군식구까지 거느릴 수 없어 작은 비늘 같은 잎사귀 흔적만 남기고는 이내 거둬버린다. 객쩍은 증산작용을 억제해서 숙주에게 피해를 줄이자는 계산일 것이다. '네가 살아야 나도 산다.'라는 공존의 철학을 실천하는 것이다.

실새삼의 공존공생 철학으로 숙주는 건강하게 자란다. 숙주 또한 실새삼의 철학을 깨우쳐 나눔과 베풂의 철학을 실천하는 것이다. 튀밥 같은 꽃을 소담하게 피워낸 고마리를 어찌 피해식물이라고만 할 수 있을까. 실새삼과 고마리가 한몸으로 서서 각기 다른 꽃을 피워낸 것을 보면, 나누면 배가 된다는 말을 실감하게 된다.

불안전한 비극적 존재로서의 운명인 실새삼이 겸손하게 의탁하는 생태구조는 우리에게 또 다른 삶의 한 양식을 보여주는 것만 같다.

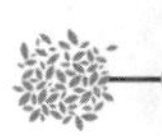

정령치에 올라

산에 오르는 것은 삶의 기복을 통과하는 연습인 것 같다. 오르막길이 있으면 내리막길도 있게 마련이듯, 우리네 삶 또한 가파른 역경의 고갯길을 오르는가 하면 어느새 평탄한 들길에 내려서서 맺힌 땀을 들이지도 않던가.

산수유 꽃봉오리가 막 터지기 시작했다는 소식을 듣고 지리산을 찾았다. 그곳은 이미 노란 꽃이 만개하여 산동 마을은 꽃이불 덮고 잠든 어린아이처럼 평화로웠다.

꽃향기에 취해 들뜬 마음으로 성삼재를 향해 차를 몰았다. 경사가 급하고 꼬불꼬불하여 조심스러운 길이지만 주변의 풍광이 아름다워 전에도 몇 번 달려 본 길이었다.

산마루 하나를 지나 내리막길로 접어들었다. 오락가락하는 빗줄기 때문에 시야가 선명하지 않고 길도 미끄러웠다. 다행히 산을 휘돌아 내려가는 곳마다 가속을 방지하기 위해 노면을 울퉁불퉁하게 만들어 놓아서 조금은 마음이 놓였다. 그리고 동그란 얼굴에 20이라고 쓴 표지판은 마치 아버지처럼 다정하게 일러주어 시속 20킬로미터를 넘지 않았다. 그런 덕에 위험한 길이지만 무사히 내려갔다. 아무리 잘 닦아놓은 길이라도 운전자가 방심한다거나 자동차에 문제가 있으면 안전운행을 할 수 없지만, 구불구불하고 경사진 길이라도 철저하게 준비하고 규정대로 운행하면 주변의 아름다움까지 음미하며 지날 수 있다.

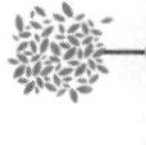

얼마쯤 내려가다가 오른쪽 샛길로 들어섰다. 그 길은 나만이 간직한 비밀스런 외길이다. 우리나라에서 가장 높은 곳에 위치한 '하늘 아래 첫 동네' 심원 마을로 들어가는 입구다.

그토록 높은 곳에 콸콸 흘러넘치는 심원계곡의 청정옥수는 경이롭기까지 하다. 산짐승처럼 문명을 등지고 사는 사람들이 신기하다. 지금은 전기가 들어가고 꽤 알려져 찾는 사람들이 많아 그곳 사람들이 밥장사, 나물장사를 해 먹고 살지만 학창사절 처음 그곳을 찾았을 때는 다랑논이 몇 뙈기 있는 별천지 같은 곳이었다. 지금도 그곳에 가면 다른 세계에 온 느낌이다. 무엇보다 지리산 골짝에서 뜯어 절이고 지지고 볶고 무쳐내는 갖가지 지리산 산나물 음식은 돌아가신 어머니를 느끼게 한다.

아주머니가 차려 주신 밥상에 공깃밥을 하나 더 시켜 남은 반찬들을 깨끗이 해치우고 마을을 빠져나왔다. 마을이 너무나 깊은 계곡에 들어앉아 있어서 올라왔다는 표현이 더 어울릴 것 같다. 아무튼, 다시 가던 길로 접어들었다.

산나물 향기가 입 안에서 가실 때쯤 왼쪽으로 난 새 길이 눈에 들어왔다. 그 길은 내가 한 번도 가지 않은 길이다. 쏟아지는 계곡물을 머금고 함초롬히 돋아난 새싹들 옆을 향해 올라가던 길은 산허리를 휘감고는 자취를 감춘다. 보이지 않는 길이 더욱 호기심을 자극했다. 길은 어디로 갔을까. 내비게이션을 작동해 보았다. 그 길이 내가 갈 지름길이라고 표시했다. 더 망설일 것 없이 핸들을 돌렸다. 가는 차라곤 오직 내 차뿐이었다. 왼쪽의 온갖 초목들이 틔운 연둣빛 새싹을 스치며 지나갔다. 창문을 내리니 싱그런 새순의 향기가 코끝을 통해 폐부 깊숙이 들어와 온몸이 짜릿했다. 다니던 길로 갔더라면 본 것을 또 보아야 했을 테지만 모든 것이 처음이라 신비로웠다.

계속 오르막길을 탔다. 핸들을 꺾은 채로 달렸다. 직진할 수 없는 에스 자의 연속이었기 때문이다. 한쪽은 산이고 다른 쪽은 낭떠러지이다. 돌아가고 싶은 생각이 문득 들었으나 길이 좁아 차를 돌릴 수 없는 곳이다. 조심조심 올라가고 있는데 구름 한 덩이가 보였다. 오전에 소나기를 흩뿌렸던 비구름이 그곳에 와 있었다.

구름이 점차 짙어지더니 이내 시야가 흐려졌다. 아무것도 분간할 수가 없게 되었다. 산 아래에 비가 개었다고 방심하여 산에 오른 것이 실수였던 것 같았다. 구름에 갇히고 말았다. 전조등을 최대한 밝게 조절했으나 무용지물이었다. 속력을 최소한으로 줄였다. 이따금 나뭇가지들이 차창을 훑고 지나가는 소리가 들렸다.

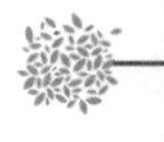

공포감이 엄습했다. 위험함을 알리는 표지판조차 보이지 않았다. 자동차전조등 바로 아래 희미하게 드러나는 길을 확인하며 속도계 바늘이 거의 바닥에 붙어 있는 차에 운명을 맡길 수밖에 없었다. 내가 짊어져야 할 짐의 무게를 알면 그만큼의 각오로 지면 될 게 아닌가.

신기하게도 내 몸은 주어진 무게만큼의 힘이 났다. 세 시간 수업이 있는 화요일엔 공연히 어깨가 쑤시고 나른하지만, 여섯 시간 수업을 해야 하는 금요일엔 몸이 무쇠처럼 단단해지는 느낌이었다. 그러나 여기에서는 무게를 가늠할 수 없는 짐을 진 처지가 아닌가. 백척간두의 낭떠러지 길에 전진만이 가능한 돌아갈 수 없는 좁은 길, 잠시 멈춰서 숨이라도 고르고 싶지만 시동을 끄면 차가 밀릴 것 같아 그러지도 못했다.

이마에 맺힌 땀방울을 손등으로 훔치는데 저만치에서 반딧불 같은 불빛이 다가오더니 가까스로 비켜갔다. 산에 올라 처음 만난 차다. 비록 말 한마디 나누지 못하고 지나갔지만 그 희미한 불빛은 내가 살아있음을 인식시켜 주는 절해고도의 등대였다.

얼마쯤 올랐을까. 뚜렷하지는 않지만 글자가 눈에 띄었다. 칠흑 같은 어둠 속 산중에서 인위적 표시인 글자를 보니, 그것만으로도 힘이 생겼다. '정령치 휴게소!' 따듯한 커피가 있고 편안히 앉아 쉴 수 있는 나무의자도 있으리라. 그러나 구름에 갇혀 아무것도 보이지 않고 커다란 푯말만이 희미하게 형체를 드러내고 있었다.

그제야 내 위치를 가늠할 수 있었다. 막혔던 날숨을 토해냈다.

내 인생길의 현재 위치도 정령치 휴게소쯤이 아닐까? 어디로 가는지도 모르면서 숨 가쁘게 여기까지 달려온 건 아닌지. 내려가는 길마저 앞만 보고 내려갈 수 있겠는가. 그날 정령치에서 내려올 때 한달음에 달려왔지만 이제 일상으로 되돌아가면 둘러보고, 뒤돌아보고, 그리고 내다보면서 느릿느릿 가고 싶다. 알싸한 산중의 공기에 취해 허튼소리도 해보고 싶고, 비탈길에서 미끄러지면 엉덩이를 주무르며 엉엉 울어도 보리라.

새 길

"달리던 차가 빠진다. 바다에 빠진다. 풍덩!"

"들로 간다. 어어, 산으로도 올라간다!"

작은아이가 대입수능시험을 치렀다. 좋아하는 운동은 물론 생리적 기본 욕구인 먹고 자는 일조차 자제하면서 준비한 시험이다. 이제 점수 걱정은 갯바람에 훨훨 날려 보내라 하고, 저 좋아하는 생선회나 실컷 먹일 셈으로 데리고 나섰다.

처음에는 내비게이션이 안내하는 대로 핸들을 돌리던 남편이 '엄청 돌아왔다.'고 투덜대며 도로에 설치된 교통표지판을 따라 달리면서부터 내비게이션이 아이들 말대로 심통을 부리기 시작했다. 구형인데다 구입한 후 한 번도 새 프로그램을 입력시키지 않았으니 날마다 새로 나는 길을 안내해 줄 리가 없다. 내 생활권인 시내에서만 사용해왔기 때문에 나는 그런 줄도 몰랐다. 그런데 이곳저곳 돌아다녀보니 실제 도로와 맞지 않는 곳이 너무도 많았다. 모니터에서 차는 잠시 도로로 접어드는가 싶더니 다시 파란 바다에 둥둥 떠갔다. 아이들은 구형 내비게이션과 그것의 관리자인 나를 번갈아 바라보면서 웃어댔다.

집에 돌아와서 사용설명서를 찬찬히 읽어나갔다. 주기적으로 새 프로그램을 추가해야 한다고 씌어 있었다. 그런데 마음만 급했지 뭐가 뭔지 알 수가 없었다. 무엇이 그리도 복잡한지, 더구나 깨알 같은 글씨에 지질려서 책을 덮고 말았다. 그러면서도 여행 중에 웃어대던 아이들의 웃음소리가 자꾸만 되살아나서 한가한 시간을 잡아 다시 사용 설명서를 폈다. 처음 구입할 때 부여받은 고유번호를 입력하고 제품의 홈페이지에 정회원으로 가입하는 것까지 하고 나니 머리가 지끈거렸다. 컴퓨터에서 새 길을 다운 받아서 설치하라는데, 화면의 수많은 글자를 이것저것 눌러 봐도 도무지 뭐가 뭔지 알 수가 없었다. 답답하고 부아까지 스멀스멀 기어올랐다. 화면 아래 소비자 상담 전화번호가 마치 나에게 손짓하듯 반

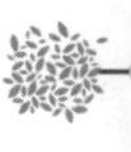

짝거렸지만 애써 외면했다. 고생한 것이 억울해서라도 내 힘으로 하고야 말겠다는 오기가 생겼다. 고3 때, 풀리지 않는 미적분 문제를 며칠씩 가방에 넣고 다니던 그 고집이 되살아난 것이다. 수학 선생님께 여쭤보면 간단히 풀릴 문제였지만 나 혼자 해내고 싶었다. 연습장을 두서너 장 까맣게 메우고 나서야 그 문제의 정답을 구하고 나면 막혔던 속은 폭포수가 쏟아지듯 후련했다. 이번에도 그 맛을 기대했던 것이다. 설명서를 뒤적거리다 보니 자정이 넘었다. 다음 날을 위해 할 수 없이 또 설명서를 덮어야 했다.

그 뒤 여러 가지 바쁜 일이 겹쳐 사용설명서를 펼칠 시간이 없었다. 그러나 마음은 항상 그곳에 가 있어 개운치 않았다. 다시 컴퓨터 앞에 앉아 설명서를 펼쳤다. 최신 버전을 다운 받으라는데 어디서 어디로 어떻게 하는 것인지 감조차 잡히지 않았다. 의자에서 내려와 바닥에 벌렁 드러누웠다.

그래, 하르르 지는 벚꽃이 아쉽다고 늘 푸른 소나무만 찾을 수 있나? 나같이 모르는 사람이 있기 때문에 가르치는 사람들의 존재 가치가 드러나지 않던가.

숨을 길게 내쉬고 전화기를 들어서 컴퓨터 화면 하단에 있는 소비자상담 전화번호를 눌렀다. 목소리가 고운 여자가 기다리고 있었다는 듯 반겼다. 그간의 사정을 말했더니 여자는 물 만난 물고기처럼 일사천리로 설명해 갔다. 길은 내가 헤매던 곳이 아닌 엉뚱한 곳에 있었다.

드디어 컴퓨터 바탕화면에 다운로드가 시작되었다. 역시 구형인 컴퓨터는 느릿느릿 실행했다. 기다리고 있는 안내자에게 미안하여 다음 과정을 상세히 설명 들은 후 전화를 끊었다. 30여 분 지나 다운로드가 끝났다. 이제 그것을 내 기기에 옮겨 주기만 하면 된다. 한달음에 주차장으로 내려가 차 안에 설치한 내비게이션에서 손톱만한 칩을 꺼내 왔다. 그리고 컴퓨터에 연결한 후 실행버튼을 눌렀다. 이제야 되는구나 싶어 스스로 수학문제를 풀었을 때만은 못하지만 답답하던 가슴이 시원하게 내려갔다.

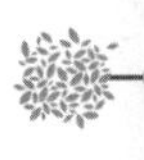

그런데 5분여 시간이 지났을까? 실행되던 프로그램이 멈춰버렸다. 더 이상 새 프로그램이 입력되지 않았다. 처음부터 하나하나 과정을 밟아 다시 시도했다. 그래도 칩은 얼마 지나지 않아 컴퓨터 화면에 엑스자로 더 이상 받아들일 수 없음을 나타냈다. 길을 바다라고, 산이라고 우기겠다는 것이다. 처음에야 길이 아니었지만 이제는 길이 되었는데 고집을 피우는 것이다. 두 손가락으로 작은 칩을 꺼내 들었다. 새까만 얼굴에 앙다문 입술이 고집스런 표정이다. 한판 뜨자는 것일까.

알고 보니 칩의 형식이 새로 입력할 프로그램과 맞지 않아서 그랬던 것이다. 기존의 형식을 바꿔 주어야, 즉 포맷을 해야 했다. 각주구검刻舟求劍이라는 말이 언뜻 떠올랐다. 뱃사공 하나가 노를 젓다가 품고 있던 칼을 강물에 빠뜨렸다. 사공은 뱃전에다 칼이 떨어진 자리를 표시해 놓고 다시 노를 저었다. 맞은편 강둑에 배가 닿자 사공은 팔을 뻗어서 물속을 휘저어 칼을 찾고 있었다. 손에 칼이 잡힐 리 없다. 미련한 사공이 배가 나아간 것은 생각하지 못하고 표시해 놓은 뱃전만 가늠해서 찾고 있었던 것이다.

그제야 작은 칩에게 미안한 생각이 들었다. 내비게이션 칩을 포맷하기 전에 세상변화에 맞게 나부터 '포맷' 해야 하는 것 아닐까. 내비게이션의 구형프로그램이 멀쩡한 길을 바다며 산이라고 띠옹띠옹 요란을 떨듯 내 또한 그렇게 목소리를 높여온 것은 아닌지, 슬그머니 오금이 저렸다.

뱃놀이 고역

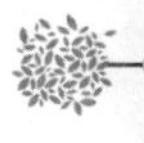

공식 일정이 끝난 후의 홀가분한 마음을 싣고 배는 한려수도를 향해 미끄러져 갔다. 짙푸른 바다가 뱃전에서 하얗게 부서지는 것을 보니 쾌감마저 느껴졌다. 마치 일상의 장애물을 차례차례 헤치듯 배는 그렇게 바다를 가르며 거침없이 질주했다.

점점이 떠 있는 섬들이 형형색색의 아름다운 모습으로 다가왔다가는 멀어져갔다. 산골에서 태어나 내륙지방에서 사는 나에게 그런 바다 풍경은 보이는 것 이상의 신선한 감동을 주었다. 산 밑에서 재깔이다 잠시 고여 있는 실개천의 자그마한 웅덩이를 보고도 좋아서 손을 담가보고, 마셔보고 했는데, 바다 그 무한의 가운데 떠있고 보니 그저 입만 벌어질 수밖에…….

그런데 나를 태운 배가 섬 사이를 지날 때부터 아랫배가 슬슬 긴장되기 시작했다. 배에 오르기 전에 비웠어야 할 것을, 들뜬 마음에 그냥 올라탄 것이 화근이다. 다행히 안내자가 들려주는 갖가지 바위섬에 얽힌 애틋한 전설과 구수한 넉살에 취해 조바심에서 얼마간 벗어날 수 있었다. 더구나 머지않아 한산도 제승당에 도착하여 점심을 먹을 예정이라니 그곳에서는 해결이 될 것이라 여기고 참아보자고 스스로 달랬다.

한 시간여 지났을까? 배에 오를 때부터 흩뿌리던 빗줄기가 차츰 거세지기 시작했다. 억겁을 견디어낸 기암괴석은 오는 비를 다 맞고 제자리에 묵묵히 서 있건만, 나를 태운 배는 파도를 타고 오르락내리락 요동치기 시작했다. 그 바람에 몸이 기우뚱거리면서 아랫배에 힘이 들어가 소름이 쫙쫙 돋았다.

드디어 제승당이 보이고 우리가 내려 점심 도시락을 풀어놓을 천막 친 장소도 눈에 띄었다. 안내자가 나와 마이크를 잡았다. 비가 오고 파도가 치는 상황이니, 하선할 때 주의 사항을 일러 주리라 짐작했다. 그래, 주의는 하더라도 좌우지간 나는 일등으로 내려야 한다고 다짐하며 내릴 준비를 하고 있는데, 그는 내 예상과 달리 난데없이 토의를 하자는 것이 아닌가. 잠시 후 하선하여 제승당에서 식사를 하고 해변을 산책할 예정이었으나 비가 많이 오기 때문에 어찌해야 좋을지 묻는다는 것이었다. 이어 파도가 심하니 그냥 돌아가자는 이야기가 나오고 그 뜻에 동의하는 사람도 있었다. 이런저런 의견이 오가더니 거수로 의견을 모으겠다고 했다. 한산도에 내리고 싶은 사람은 손을 들란다. 나는 번쩍 들었다. 사람들은 그런 나를 의아한 눈빛으로 바라보았다. 이를 어쩌나, 마치 급박한 상황을 들키기라도 한 것 같아 얼른 손을 내리고 말았다. '참아보자, 싸기야 하겠는가?' 숨을 한 번 고르고는 자세를 가다듬었다.

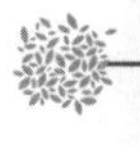

돌아가는 '시간은 일각이 삼추'였다. 쏴! 하고 쏟아지는 굵은 빗줄기 소리를 들으니 장대비를 배설하는 하늘이 부럽기 그지없었다. 귀를 막고 시야를 안으로 돌리니, 이번에는 창을 타고 거침없이 흘러내리는 빗물이 욕구를 충동질했다.

배는 탈것 중에 제일 고약한 것이란 생각이 들었다. 너무 느리기 때문이다. 떠날 때는 그리도 속 시원히 달려 주더니 돌아갈 때는 소리만 요란하지 제자리에 떠있는 것만 같았다. 안내자가 다시 나왔다. 설상가상, 심술부리는 날씨 탓에 제승당 절경을 보시지 못했으니 방금 지나친 아무개 섬이라도 한 번 더 구경시켜 드리겠단다. 그 말이 끝나기도 전에 뱃머리는 이미 돌아가고 있었다. 나를 놀리는 것만 같았다.

지나쳤던 바위섬을 천천히 한 바퀴 더 돌고난 배는 아랫배에 감각초차 무디어져 갈 무렵이 되어서야 겨우 거제 앞바다를 지나게 되었다. 사촌이 며칠 전 그곳에 다녀와서 침을 튀기며 절경을 자랑했던 곳이다. 그러나 그 말은 실감할 수 없고 6 · 25전쟁 당시 그곳에 갇혀있던 십 수만의 포로들이 아직도 철조망에 매달려 아우성치는 것만 같은 절박함만 밀려왔다. 구속의 고통을 견디지 못해 심하게 난동을 부리는 포로를 격리 수용했었다는 섬 추부도 앞에 닿았다. 내 아랫배 안에서도 격리 수용된 배설물이 아우성쳤다.

이윽고 배가 부두에 닿았다. 문이 열리자마자 나는 쏜살이 되어 튀어나갔다. 드디어 그것도 쏜살 못지않은 속도로 한참 동안 쏟아져 내렸다. 긴장이 한꺼번에 풀리니 몽롱해졌다. 화장실 작은 창문을 통해 점점이 떠있는 섬이 보이는데, 비구름에 싸여 마치 지옥의 유황항아리처럼 여겨졌다.

어디 뱃놀이뿐이랴. 장애물투성이라 여기는 내 삶의 길도 실은 한려수도 뱃놀이와 다르지 않을 것이다. 풍란 향긋한 바위섬에 팔색조가 날지만 준비 없이 앞만 보고 허둥대는 나는 그런 것을 못 보았을 것이다.

함양제 체험

옆 강의실에서 비명 같은 함성이 터졌다. 아마도 쪽지시험을 보는 모양이었다. 선생님이 쪽지시험을 준비하면 아이들은 그렇게 소리를 지르며 싫다고 한다. 자신의 능력을 알량한 수치로 환산하여 친구들 앞에 공개하는 것이 유쾌하지는 않을 것이다. 더구나 점수가 좋지 않으면 틀린 문제를 다섯 번씩 쓰는 벌 공부도 해야 할 테니까. 점수를 높여야 하는 학원의 속성 때문에 어쩔 수 없이 그렇게 하고는 있지만, 아이들에게 늘 미안하다. 그래서 시험이 있는 날은 문 앞에 서 있다가 돌아가는 아이들에게 사탕이나 과일 등 내 주전부리 감을 나누어 주며 미안함을 얼버무리기도 한다.

그런데 오늘은 그나마도 못했다. 멀리 거창 함양제에서 무조건 오라는 재촉이 있었기 때문이다. 시험 치르는 아이들을 뒤로하고 학원 문을 나섰다.

마침 단풍철이라 가는 곳마다 차량 행렬이 길을 막았다. 겨우 덕유산에 다다르니 이미 해가 져서 자동차 불빛만으로 산자락을 더듬어 거창 위천천 변에 도착했다. 적막한 어둠에 물소리만 청아했다. 소리의 근원지를 찾아 두리번거리는데 희미한 손전등 불빛이 다가왔다. 함양제 관리인이 벌써 마중 나와 있었다며 반갑게 맞아 주셨다. 아름드리 소나무 숲을 지나 야트막한 기와집에 도착한 것은 예정보다 많이 늦은 시각이었다.

마당에 피워 놓은 모닥불도 지쳤는지 사위어가고 있었다. 서너 개비 장작을 더 얹고 자릴 잡았다. 어디선가 구수한 단내가 풍겨왔다. 우리를 기다릴 동안 식는 밥을 데우고 또 데우느라 태운 모양이었다. 덜 탄 곳으로 골라 한 그릇 퍼 주신 단내 나는 밥을, 마당 가에서 뜯은 배춧잎에 싸서 해치웠다.

주위를 둘러보았다. 처마 밑에 함양제라고 쓴 단아한 현판이 걸려있다. 한눈에 오래된 건물임을 짐작할 수 있었다. 그곳은 조선시대, 개울 건너편에서 후학을 가르치던 요수 신권 선생께서 머무르던 곳이라 한다. 교장 사택인 셈이다. 아름드리 칡을 구해 기둥을 세울 정도로 정성을 들인 어마어마한 규모의 서원에 비하면 너무나 작은 건물이다. 당시 사설교육기관 수장이 머무르던 곳인데……. 대궐 같은 집에 살면서 온갖 비리로 세간을 시끄럽게 하는 요즘의 몇몇 사학 우두머리들이 떠올라 잠시 씁쓸한 기분이었다. 작은 학원을 운영하는 나의 아파트에 비해도 초라하기 이를 데 없는 규모이다.

솔잎을 태워 군불을 때니 손바닥만한 방은 금세 잘잘 끓었다. 당대 문장으로 이름 높았던 요수 선생께서 주무시던 아랫목에 내 몸을 뉘어봤다. 발이 벽에 닿을 듯 옹색했다. 선철은 떠난 지 몇백 년이 흘렀지만, 조그만 아궁이, 손때 묻은 문고리, 오랜 발길에 닳아 윤나는 문지방 등이 그대로 남아 사욕 없이 후학 양성에 매진했던 그의 정신을 전해 주고 있었다.

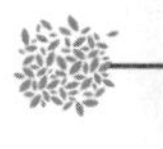

잠으로 보내기엔 아까운 시간이기에 마당으로 나와 모닥불에 마른 솔잎을 더 얹었다. 어느새 밤이 깊어 하현달이 소나무 끝에서 웃고 있었다. 요수 선생께서도 이곳 달이 좋아 마당 가운데 있는 바위에 자주 오르셨다 한다. 달뿐 아니라 떠오르는 해도 그곳에 맨발로 올라 맞으셨단다. 그러고 보니 서원 건물과 달리 함양제만 동향집이다.

나도 바위에 올라봤다. 담 너머에 정자가 보이고, 정자 밑을 흐르는 구연계곡 가운데 커다란 거북바위가 있고, 그 건너 서원과 부속건물들이 웅장하다. 대문을 나서니 물소리가 더 또랑또랑 들렸다. 어느 음악이 그보다 더 아름다울까. 물소리에 취해서인가. 내 마음이 순해지고 시야의 모든 것이 평화로웠다. 가르치는 사람은 늘 그런 상태이어야 할 것 같다. 허둥지둥 쫓기면서 학원을 운영하는 나를 그곳에 초대한 청암 선생님의 뜻이 무엇이었는지 알 것 같았다.

다음날, 잠깐 눈을 붙인 정도였는데 아침에 일어나니 몸이 가뿐했다. 수백 년 노송이 걸러 준 공기를 마시고, 그 솔잎을 태워 달군 구들방에서 여독을 풀었기 때문인 것 같았다. 지난밤의 흐뭇함을 반추할 틈도 없이 주인은 재촉하며 쪽문 밖으로 내몰았다. 전날 밤 달빛 아래서 신비롭기만 하던 주변이 아침 햇살에 다른 모습을 드러냈다. 바로 앞 요수정에 오르니 신선이 부럽지 않았다. 발아래 옥수와 기암절벽, 늙은 소나무 숲, 찬란한 햇빛, 경쾌한 물소리……. 신권 선생께서 그곳에서 후학을 가르치시기도 하고 시를 읊기도 하셨단다. 우리 학생들도 이런 곳에서 공부하면 시시한 '왕따'의 시달림 따위는 없고 모두가 바르고 유능한 인재로 자랄 수 있을 것 같았다. 나 또한 그런 곳에 살면 요수 선생처럼 대문장가가 될 수 있겠다는 오만에 젖기도 했다.

정자 밑은 넓은 암반으로 이루어졌는데 그 위를 수정 같은 위천천이 흐르고 한편에는 커다란 거북 바위가 자리 잡고 있다. 당시 야외학습장이었단다. 안내자는 나를 바위 한가운데 앉으라 했다. 음각된 글자가 있어 오른쪽부터 읽어 석반연이라 했더니 대형 벼루 연반석이란다. 그러고 보니 죽 둘러앉아 먹을 갈면 가운데로 먹물이 흘러 고일 것 같았다. 후학들이 둘러앉아 먹을 갈고, 그 먹물을 듬뿍 찍어 일필휘지하는 모습이 그려졌다. 바위를 가로질러 너비 한 뼘 정도 갈라진 틈으로는 맑은 물이 흐르는데 '세필짐'이란다. 글을 다 쓰고 나서 그곳에서 붓을 헹궜다나. 신기하기만 한 학습장이다. 연반석 옆에 꽤 큰 석굴이 있는데, 그곳 오목한 자리에 막걸리 한 말을 채워 넣고는 제자들이 지은 글을 스승이 심사했단다. 아주 잘 지은 이에게 막걸리 한 바가지를 내렸는데 그 술에 취해 횡설수설하는 수재도 심심찮게 있었다고 한다. 멋과 낭만이 있고 또한 편리하기도 한 야외 학습장이다.

멀리 보이는 문루의 이름이 관수루란다. 관수觀水는 '맹자'에 '물을 보는 데 방법이 있으니 반드시 그 물의 흐름을 봐야 한다. 흐르는 물은 웅덩이를 채우지 않고는 다음으로 흐르지 않는다'는 문구에서 따온 말이란다. 아이들을 좁은 강의실에 가두어 놓고 무조건 주입식으로 외우게 하여 시험에서 1점이라도 높은 점수를 받기 위해 닦달하는 우리 학원과 너무나 대조적이다. 혼잡한 도심에서는 감히 흉내도 낼 수 없는 학습장이지만, 그래도 강의 방법이라도 더 고민해야 할 것 같다. 돌아가거든 쪽지시험 안 보겠다고 난리 치는 아이들의 뜻부터 들어줘야겠다. 냉장고에 막걸리 대신 주스라도 가득 채워 요수 선생의 낭만도 흉내내보고 싶다.

백비

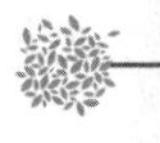

제주, 그 글자만으로도 가슴이 설렌다. 태고의 순수로 출렁이는 짙은 물빛과 종려나무 잎 사이로 불어오는 바람의 시원함, 더구나 오랜 문우들과의 만남이 예약된 여행이었으니 말해 무엇하랴. 이미 도착하여 공항에서 기다리고 있던 전북팀과 합류한 1박2일의 여정은 순풍에 돛 단 듯 빠르고 신 나게 흘러가고 있었다.

이튿날 오후, 일부는 예매한 항공권 시각에 맞추어 떠나고, 나는 제주4 · 3평화공원으로 향하는 버스에 올랐다.

그런데 제주 하늘도 눈부신 햇살로만 다가오는 것이 아니었다. 내내 높푸르던 하늘이 먹구름의 속내를 드러내더니 이

내 달리는 차창에 빗줄기를 뿌려대기 시작했다.

봉개동 공원 주차장에 도착하니 제주4 · 3평화기념관이라고 적혀있는 글자가 첫눈에 들어와 잠시 혼란스러웠다. '평화'라는 글자에, 현기영의 자전소설 ≪지상에 숟가락 하나≫에서 '똥깅이'가 겪은 제주4 · 3의 참혹한 상황이 중복되었기 때문이다. 우리 민족 누구에게나 응어리가 된 '4 · 3 사건', 그러나 드러내놓고 말할 수 없었던 참사와 '평화'라는 말이 반어적인 뉘앙스를 가져왔다.

버스에 오를 때만 해도 들떠 있던 기분은 이내 가라앉고 당시 피난처를 재연한 동굴에 들어서면서부터는 어두운 역사의 단층에 갇혀서 착잡했다. 이념이 무엇인가. '깅이' 몇 마리 잡아 옹기종기 모여 앉아 배고픔을 달래면 그만인 그들에게 좌익이 무엇이냐고 물었다면 뭐라고 대답했을까? 류영국은 소설 ≪소울음≫에서 종두라는 등장인물의 입을 빌려 이렇게 말했다.

"입이야 비틀어졌어도 말은 바로 허자. 애당초 마빡에다 빨간 물들이고 나선 놈이 몇이나 되냐? 애당초 공산당 이름표 달고 빨치산 된 놈이 몇이나 되고? 왜놈들 사냥개 때려잡고 못된 지주 놈들 처단하자고 나선 거여. 군정청이 들어서서 그것 저것 다 뭉개고 왜놈 사냥개들 그대로 앉혀서 그 난리가 났지 어쩌. 거기에다 지주 놈들도 한 부주 혔지. 그런 것들 때문에 나라가 갈라졌어. 굶어도 같이 굶자고 입에 붙은 거짓말이라도 혔어봐라. 어느 놈이 대창 들고 달려들어. 소작인들을 사람 취급이나 혔냐. 상것들이라고 혼인도 안 혔지. 그런 세상 살았으니 그 사람들이 악에 받쳐서 나설밖에."

민들레가 어떤 경위로 해서 터를 잡게 되었는지 모르듯이 제주도민들이 언제 어떤 경로로 거기에 토착했는지는 아무도 모른다. 다만 신석기 유물이 발굴된 점으로 보아 그때부터 정착민이 생겼을 것이라 짐작한다.

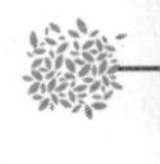

탐라국으로 출발한 제주도는 백제와 신라, 그리고 고려에 조공을 바쳐 왔다는 기록은 남아 있으니 조공국이었을 뿐, 엄연히 국가로서 존재했다. 그러다가 고려 중엽에 완전히 고려에 복속되어 고려의 관리가 통치했다. 한때 원에서는 제주에 몽골인 목호牧胡를 두어 말을 기르게 했고, 원이 망하고 명에서 제주 말을 보내 달라고 요청하자 목호들이 난을 일으켜서 '목호의 난'이 일어나기도 했다. 조선 시대에는 제주도를 전라도의 군에 편입시켰고, 구한말에는 전라남도에 예속시켰다. 거기에다 다시 일제 강점기에는 일본 앞잡이였던 면서기며 순사 나부랭이들이 착취를 일삼았다. 한 마디로 제주 도민은 주인이 바뀌어 가면서 사육되는 소와 같은 신세였다.

그러다가 해방되어서 이제나 볕 보는가 하고 일어서려는데, 미 군정청에서 일제 앞잡이들을 그 자리에 그대로 앉혀 놓고 지서장이다 면장이다 했고, 그들은 도리어 도민들을 좌익으로 몰아붙였다. 그러니 가슴속에 뭉쳐 있던 불씨가 이글이글 타오를 수밖에. 그렇지만 연기만 날 뿐 불길이 솟구치지 못한 것이다.

반면 38선 이남에서 활약하던 좌익 세력들이 이 땅을 공산화하자고 이원제 정당을 외쳤다. 그것이 바로 남로당이다. 볼셰비키 혁명을 주도했던 레닌의 정책이 선전과 폭동으로 일관된 아지프로가 아닌가. 그 정책이 그대로 제주에서 실행된다.

드디어 1948년 4월 3일, 지서와 우익단체의 요인과 관공리의 집이 불탄다. 그 후 1954년 한라산 금족령이 해제될 때까지의 제주는 거대한 혼란의 도가니가 되고 만다.

벽에 걸린 화면에선 어렵사리 목숨만 건진 어느 희생자가 아직도 치료되지 않은 육신의 환부를 내보이며 고통을 호소했다. 고립된 감옥에서 어렵사리 탈출해 아직도 고향을 등진 채 살아가는 사람, 가족을 잃은 것도 모자라 연좌제란 족쇄에 삶을 저당잡힌 채 겨우 연명해 온 사람의 서늘한 눈빛도 그곳에 있었다. 4 · 3사건 희생자의 넋을 위령하고 나아가 명예회복 및 평화와 인권을 위하며 사건의 역사적 의미를 되새기기 위해 기념관이 조성되었다고 하니 그나마 조금은 위안이 되었다.

봉기, 항쟁, 폭동, 사태, 사건……. 4 · 3사건을 칭하는 낱말은 계속 바뀌어오지만, 아무리 바뀐들 그 혼란의 소용돌이와 가슴 쓰림을 글자로 대신할 수는 없을 것이다.

4 · 3특별법 5조 1항에 '누구든지 제주4 · 3사건과 관련하여 자유롭게 증언할 수 있다.'고 한 부분을 달리 해석하면 아직도 진실은 묻혀있다는 얘기가 된다. 기념관 어디쯤 커다란 원형의 공간에 입 다물고 누워있는 백비가 있다. 이제는 입을 열어 주어야 하지 않을까. 그 비석에다 무고하게 희생된 영혼들에 바칠 비문을 새겨 주어야 할 때다. 그런데 무엇이라고 새겨야 하나. 아무리 생각해도 적당한 문구가 떠오르지 않는다. 아니 그 누구도 거기에 새겨 놓을 말을 찾지 못할 것이다. 그러니 그냥 백비白碑로 남아있을 수밖에 없을 것 같다.

나의 마음은, 부드럽고 하얀 옥양목으로 상처투성이의 백비를 살포시 감싸 안은 채 건물 밖으로 나왔다. 손에 든 안내장은, 폴란드의 아우슈비츠 강제수용캠프, 일본의 히로시마

전쟁평화기념관 등과 함께 그곳이 인간의 반인륜적인 행위로 얼룩진 역사적인 비극의 현장이란다. 자기반성을 하고 교훈을 얻기 위한 여행지로 주목을 받고 있단다. 그날의 나 또한 여행객의 한 사람으로 관람자에 불과했다. 앞으로 어떻게 살아야 백비 앞에서 떳떳할 수 있을까. 안일한 내 일상을 새삼 추스르며 무거운 발길을 옮겼다. 하늘은 어느새 희붐하고 종려나무는 진양조장단 느린 가락으로 무심히 춤을 추고 있었다.

몽돌의 노래

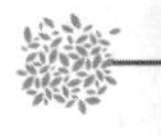

같은 버스 안이지만 화제는 제각각이었다. 아침을 못 먹고 왔다거나, 온다고 해 놓고 오지 않은 사람에 대해 이야기하거나, 타인의 옷차림에 관심을 나타내기도 했다. 회장이라는 사람이 이틀 동안 함께해야 할 일정에 대해 말할 때까지 나는 딴생각을 하며 앉아 있었다.

그러니까 버스에는 생각이 제각각인 다른 사람들뿐이었다. 다른 사람은 서로에게 타인이다. 타인은 때로, 서로에게 자유와 실존을 박탈하는 존재이기도 하다. 그래서 타인은 지옥이라고까지 말한 서양의 실존주의 철학자도 있다.

타인들을 태운 버스는 낯선 지방으로 달려 저물녘이 되어서야 숙소가 있는 바닷가에 도착했다.

한 버스에 타고 간 타인들이 이번에는 남자 여자로 나뉘어 잠자리에 들었다. 여자라는 이유만으로 '여자 방'에서 자고 새벽을 맞이한 나는, 아직 자는 타인들이, 나 때문에 깨는 것을 원치 않았기 때문에 겉옷과 목도리를 소리 안 나게 걸치고는 고양이 걸음으로 숙소를 빠져나왔다. 건물에서 멀지 않은 곳에서 바다의 뒤척이는 소리가 들려올 뿐 어둑새벽의 시야는 짙은 회색에 잠겨 있었다. 무채색의 공기는 호흡기를 통해 몸 안으로 들어와 내 안의 잡다한 색깔의 상념을 다독거렸다. 그때서야 비로소 관계라는 타인과의 끈에서 헤어난 듯 홀가분했다.

한참 만에 해안의 모습이 어슴푸레 나타났다. 하얗게 부서지는 파도를 향해 발걸음을 옮겼다. 그때마다 발밑에서 작은 돌멩이들이 자그락자그락 비명을 질렀다. 내 몸에 짓눌린 돌들이 자리다툼을 하는 모양이었다. 큰 돌을 밟으면, 내 몸의 균형을 잃게 할 정도로 저항하며 더 큰 소리를 냈다. 그렇게 서로 다른 돌이 부딪는 불협화음을 들으며 해안을 걸었다.

이윽고 제 모습을 온전히 드러낸 검푸른 바다는 허연 거품을 물고 끝도 없이 돌밭 해안에 달려들었다. 수많은 돌은 파도에 떠밀리어 내 발치까지 왔다가는 도로 휩쓸려나갔다.

"쏴아아, 철썩!"

"자그르르르……."

잔돌 구르는 소리가 좀 전과는 달랐다. 큰 돌을 밟을 때 나는 저항의 소리가 아니었다. 그 소리는 하나된 어울림의 소리였다. 발걸음을 멈추게 하는 신비로운 가락이었다. 마냥 들어도 싫증나지 않고 새롭기만 한 화합의 노래였다.

기실 자그르르 하고 하나의 가락을 내지만, 파도에 구르는 돌들은 색깔도 모양도 모두 달랐다. 대부분 새까만 색으로 반들거리고 간혹 덜 검은 것도 있고 아예 하얀 돌도 있었다. 조금 길쭉한 것도 있고 납작한 것도 있고 공 모양인 것도 있었다. 그러나 하나같이 화음을 이루며 공명共鳴했다.

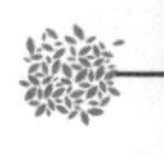

몽돌도 옛날에는 커다란 바위였을 것이다. 몽돌이 되기까지 서로 부딪혀 깨어지고 깎이면서 얼마나 많이 아파야 했을까. 저그럭저그럭 제 소리를 높여 충돌할 때는 나름대로 이유가 있었겠지. 굴러 온 돌이 박힌 돌의 자리를 탐하니 억울하고, 덜그럭거리며 제 영역만 넓히려 하니 위기감에 모서리를 들이대었을 것이다.

생각이 거기에 미치자 몽돌이 다른 모습으로 보였다. 빛도 열도 고갈되어버린, 보잘것없는 마그마의 잔해가 아니라 깨달음의 경지에 이른 성자처럼 보이는 것이었다. 모난 곳이라고는 흔적조차 찾을 수 없는 그것을 하나 건져 손바닥에 올려놓았다. 방실거리며 손바닥 근육이 움직이는 대로 몽돌몽돌 굴렀다. 살포시 쥐어 보았다. 단단한 돌로 느껴지지 않고 마치 나와 한 몸인 것처럼 저항 없이 손 안에 안겼다.

'나'라고 하는 내밀한 돌을 들여다보았다. 삐죽삐죽 모서리 투성이였다. 부대끼며 사느라 깨어진 자리에도 새로운 날이 서 있는 것이 분명했다. 감추려 애썼지만, 어느 순간 튀어나와 들이댔을 내 모서리들, 의식적으로 대들지는 않았을지라도 일방적으로 내달려오는 돌덩이에 고스란히 내 자리를 내어 주지는 않았을 것이다. 오지 말라고 들이댄 모서리가 더 큰 불협화음을 냈을지도 모를 일이다. 내 몸 한 귀퉁이가 깨어져 나갈 때, 상대 역시 아팠으리라. 나처럼 울었을 것이다. 그러나 나는 그런 소리에 귀 기울이지 못했던 것 같다.

생각이 거기에 이르자 나라는 돌을 파도치는 바다에 던지고 싶은 충동이 일었다. 세상의 중심은 나라는 좁은 소견이 벼리어 놓은 내 마음의 모서리를 거센 파도에 갈고 또 갈아 몽돌이 되고 싶었다.

저만치 숙소 앞에서, 전날 타고 왔던 버스가 그런 나를 지그시 바라보고 있었다. 얼굴이 화끈거렸다. 부처님의 말씀대로, 성씨도 사는 곳도 감정도 다르지만, 우리는 자타불이自他不二, 그 버스를 함께 타고 같은 곳으로 가야 할 공동운명체인 것이다.

나는 만지작거리던 몽돌을 마음속에 저장했다. 나만 보이고 상대는 보이지 않을 때, 그리하여 고통에 자신을 가둘 때마다 꺼내볼 심산이었다. 마음에 돌을 담고 가는데도 숙소로 돌아가는 발걸음이 나갈 때와는 사뭇 다르게 가벼운 것을 느꼈다.

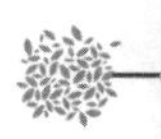

김용순 수필집

내 안에 피는 꽃들

인 쇄 / 2013년 4월 1일
발 행 / 2013년 4월 8일

저 자 / 김 용 순
발행인 / 서 정 환
발행처 / 수필과비평사

출판등록 / 1984년 8월 17일 제28호
주 소 / 서울시 종로구 삼일대로 32길 36
(익선동 30-6 운현신화타워 빌딩) 301호
전 화 / (02) 3675-5633, (063) 275-4000
팩 스 / (063) 274-3131
E-mail / essay321@hanmail.net

값 13,000원

ISBN 978-89-98524-35-7 03810